中外著名教育家画传系列
周洪宇 主编

郭秉文画传

周洪宇 李永／著

山东教育出版社
·济南·

图书在版编目（CIP）数据

郭秉文画传 / 周洪宇等著. —济南：山东教育出版社，2018.10（2024.4重印）

（中外著名教育家画传系列 / 周洪宇主编）

ISBN 978-7-5328-9748-3

Ⅰ. ①郭… Ⅱ. ①周… Ⅲ. ①郭秉文（1880—1969）-传记-画册 Ⅳ. ①K825.46-64

中国版本图书馆CIP数据核字（2017）第069482号

ZHONGWAI ZHUMING JIAOYUJIA HUAZHUAN XILIE
GUOBINGWEN HUAZHUAN

中外著名教育家画传系列　　周洪宇　主编

郭秉文画传　　周洪宇　李　永　著

主管单位：山东出版传媒股份有限公司
出版发行：山东教育出版社
地址：济南市市中区二环南路2066号4区1号　邮编：250003
电话：（0531）82092660　网址：www.sjs.com.cn
印　刷：山东华立印务有限公司
版　次：2018年10月第1版
印　次：2024年4月第2次印刷
开　本：787毫米×1092毫米　1/16
印　张：13.5
字　数：230千
定　价：78.00元

（如印装质量有问题，请与印刷厂联系调换）印厂电话：0531-76216033

郭秉文（1880—1969）

不同时期的郭秉文

郭秉文（后排居中）家族合影

郭秉文（前排左一）在哥伦比亚大学师范学院从事教育学研究时期的合影

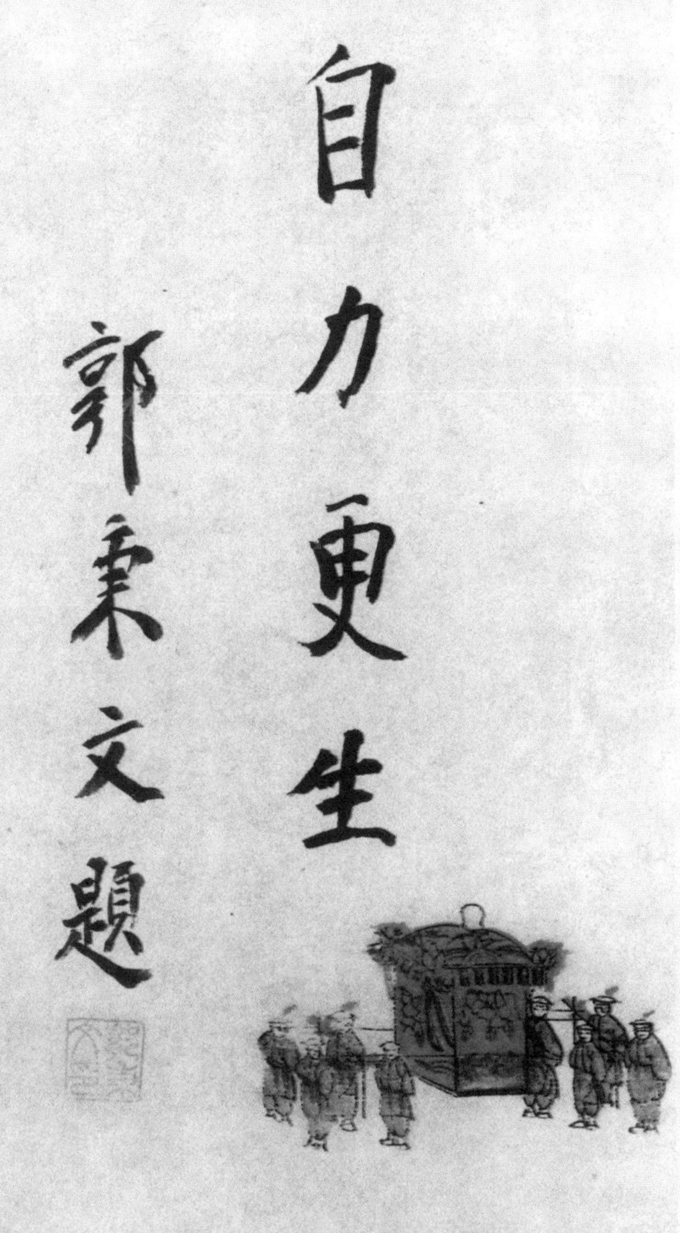

郭秉文题词“自力更生”

致沈信卿请介绍王国维为词曲诗赋教授函

信卿先生道鉴：敬启者，敝校下学年须添请国文教授一人，教授词曲诗赋等各项学程，拟延王君静庵来宁担任，每月致送薪金二百元，请烦先生就近代为接洽，并代为学校表示诚意，於敦一诺为幸。[illegible] 专此，祗颂

道安。

郭秉文谨启 十一年六月八日

郭秉文致沈信卿介绍王国维为国文教授函

目　录

绪 论

在灿若星河的民国教育家群体中，有一位教育家的教育生涯可谓跌宕起伏、曲折离奇、富有传奇色彩：他出身基督徒家庭，受西方文化特别是基督教文化影响很深，但却是坚定的爱国主义者，一向专注于维护国家主权。他留学美国，是第一位获得世界名牌大学——哥伦比亚大学师范学院哲学（教育学）博士学位的中国人，但回国之后的第一份工作却与教育无关——去商务印书馆当了编辑。他坚持进步理想，周旋于形形色色的地方军阀之间，为教育事业的发展殚精竭虑，委曲求全，争取各类资源，用很短的时间就创办了南方第一所与世界接轨并同北京大学相媲美的高水平大学——东南大学，然而好景不长，他却被某些国民党人借助政党力量和军阀之手排挤出局，从此远离了自己亲手创建的大学，步入了政界和外交界。他离开了自己的大学，却仍然心系教育，活跃于国际教育舞台，连任三届世界教育联合会副会长，代表亚洲教育界说话，为中华民族争光。他原本并不喜欢政治，可政治却偏偏缠上了他，后来的工作几乎都与政治有关，担任过国民政府财政部常务次长，直至做到了联合国善后救济总署副署长兼秘书长，成为一位颇有作为的政治家和外交家，而这又与教育渐行渐远，以至于被教育界所遗忘。这位几乎被人遗忘的教育家就是郭秉文。

郭秉文（1880—1969）是中国著名教育家、中国现代高等教育事业的先驱之一。郭秉文早年毕业于上海清心书院，工作十年后赴美留学。郭秉文在1906年先入伍斯特学院预备学校，1908年升入伍斯特学院，1911年毕业获得理学学士学位，随后进入哥伦比亚大学师范学院从事教育学研究，1912年获硕士学位，1914年获哲学（教育学）博士学位，是中国首位留美教育学博士，指导教师为斯垂耶和法云通，博士论文为《中国教育制度沿革史》。郭秉文擅长演讲，留学期间，曾担任中国留美学生联合会会长、《中国（留美）学生月报》主编等职务。回国以后，他先后担任南京高等师范学校教务主任、代理校长、校长等职务。1921年，郭秉文任国立东南大学首任校长。他执掌的国立东南大学被教育界称为"中国第一所现代国立高等大学"。

郭秉文还是国际舞台上最为活跃的中国教育家。1923年起，郭秉文连续三次被推举为世界教育联合会副会长、理事并兼任亚洲分会会长，所以胡适曾言，"1920年代在各国人士的眼睛里，中国外交界上只有顾维钧、施肇基，教育界上只有郭秉文"。

1925年，因为国内政局变故，郭秉文被迫离开了教育界，投身政治界、经济界、文化界，同样多有建树，比如，郭秉文与孟禄等人一起创立"华美协进社"，抗战时期负责对英借款事宜，曾出任联合国善后救济总署副署长兼秘书长，长期在美国推动中美之间的文教事业。1969年8月29日，郭秉文在美国逝世。

郭秉文留下的著作并不多，唯一的长篇当属1916年商务印书馆出版的博士论文《中国教育制度沿革史》，其他的教育思想散见于民国的《东方杂志》《教育杂志》《新教育》等各类期刊，其内容多是实践性的总结，因此也可以说郭秉文是一位行动大于思想的人。郭秉文这位很早就声名显赫的教育家，因为在1925年以后离开了教育界且论著较少，导致其声名与踪迹淹没在历史的洪流中，不太为人所知晓。

2014年10月23日至27日，美国哥伦比亚大学、东亚图书馆、华美协进社等机构联合主办的"郭秉文与中国近现代高等教育和中美教育交流——纪念郭秉文哥伦比亚大学博士毕业100周年国际研讨会"在哥伦比亚大学师范学院隆重召开。来自中国东南大学、厦门大学、北京师范大学、华东师范大学、华中师范大学、上海财经大学、中国教育科学研究院、台湾"中央"大学、台湾师范大学和美国哥伦比亚大学、哈佛大学、伍斯特学院、西北大学、哥伦比亚大学东亚图书馆、华美协进社以及郭秉文的曾孙侄女徐芝韵女士等近百位国内外高等教育研究专家、学者和教育界人士齐聚一堂，共同缅怀郭秉文先生对中国近现代高等教育和中美教育文化交流事业做出的重要贡献。

TEACHERS COLLEGE COLUMBIA UNIVERSITY

Kuo Ping Wen Symposium

In Service to Education: The Life and Times of Kuo Ping Wen, China's First Global Educator

Saturday, October 25, 2014
9:00 am - 5:00 pm

Please join us to mark the centennial of Kuo Ping Wen's Ph.D. from Teachers College -- the first Ph.D. granted to a Chinese national by the College.

We will celebrate his legacy and contributions to education and U.S.- China relations.

Featured speakers will include:

Susan Fuhrman *Teachers College President*	*Yu Wei* *Former Vice Minister of Education, China*
Carolyn Hsu-Balcer *Honorary Chair*	*Henry Levin* *Teachers College Professor*

Teachers College, Columbia University
525 West 120th Street
[between Broadway and Amsterdam Avenue]
Milbank Chapel

For more information and to register, please visit the Symposium website - tc.edu/kuopingwen

Sponsors:

China Institute FOUNDED 1926

C.V. STARR EAST ASIAN LIBRARY

TEACHERS COLLEGE COLUMBIA UNIVERSITY

哥伦比亚大学师范学院等机构合办的郭秉文研讨会介绍

无独有偶，2014年11月8日，上海财经大学迎来了成立97周年校庆，并举办了一系列校庆活动。校庆当天，为纪念著名教育家、中国现代高等教育事业的先驱之一郭秉文先生，上海财经大学举办了“郭秉文教育思想研讨会”，并在国定路校区为“郭秉文先生塑像”揭幕，同时还举行了郭秉文校长纪念展、郭秉文奖学金颁奖仪式等系列活动。

上海财经大学郭秉文塑像揭幕

郭秉文先生亲属、校董会成员、师生代表及校友代表等近300人冒着连绵的秋雨，参加了揭幕仪式。为首任校长郭秉文先生造像，是上海财经大学师生酝酿多年的夙愿。塑像的落成，不仅是对他的缅怀，更是对他精神的继承和弘扬。

一西一东，一外一内，2014年国内外学界共同将目光聚集于民国时期人物郭秉文身上。那么，郭秉文先生究竟是个什么样的人物呢？他有怎样的人生经历？请各位读者随着笔者一起走进他的世界吧！

大上海教会受教

郭秉文出生于上海，因其家人较早接触基督教，所以郭秉文也有着虔诚的基督教信仰。在近代中国，基督教传教士是提供西式教育的重要中介，由于父亲与长老会教堂的关系，郭秉文早年进入长老会主办的清心书院求学，所以较早地接触了西式教育，奠定了英语语言的基础，在一定程度上也开拓了日后的人脉关系，为下一个阶段的赴美留学做好了准备。

郭秉文

基督教家庭出生

郭秉文，字鸿声，生于1880年2月16日，按照传统的农历计算，这一天是1880年（庚辰）正月初七，因而郭秉文属龙。其祖籍江苏江浦，与南京仅一江之隔，曾属南京市郊县，西面紧邻安徽和县。由于郭秉文的父亲是医师，早年到上海行医，同时也是长老会教堂的长老，所以郭秉文的实际出生地是上海。郭秉文有兄弟姐妹六人，郭秉文排行第三。

1842年8月，《南京条约》签订后，上海开放为通商口岸，自此至中华人民共和国成立之前，上海一直是西方文化教育在中国登陆的滩头，也是基督教在华进行传教活

1896年郭秉文与家人合影

动的重要地区。圣公会、长老会、浸礼会等基督教新教教派纷纷在上海设立分支机构。基督教传教之初，为争取教徒，往往将传教活动与行医、教育活动相结合，以期获得更佳的效果。

关于郭秉文的父亲，资料记载很少，仅知道他是一名医生，也是长老会教堂的长老。根据格达莱西亚（David Gedalecia）所说，郭秉文父亲的名字可能是Kwok C'en-zu。他在上海的伦敦传教士医院接受了医师训练，那家医院在19世纪70—90年代为清心书院和南门的长老会教堂提供医疗服务，因而他和当时的菲奇（Fitches）相熟，而菲奇是当时清心书院的负责人。

另外，在牧师范约翰（1829—1917）撰写的长老会在上海早期传教的历史概要中，有一处提到了一位名叫郭恩祖的传教医生，说他先在上海长老会教堂工作，随后在松江（今上海市松江区）长老会教堂工作。文中虽没有明确郭氏在教堂工作的时间，但根据同期被提及的另一位舒高第医生的情况，其大致时间是19世纪七八十年代。

考虑到郭秉文的出生日期，再考虑到“郭”在汉译英的过程中也可以写作Kwok，因此郭恩祖可能是郭秉文的父亲。郭秉文的母亲姓刘，在太平天国运动时期与家人失散，由一户姓刘的基督徒家庭抚养大，后来嫁给了郭秉文的父亲。郭母是教堂的热心义工，卒于1939年，享年89岁。郭秉文兄弟姐妹的情况，将在后面的姻亲世家中予以介绍。

晚清上海新时局

1843年11月，上海依照《南京条约》开埠，从此进入了一个特殊的历史时期。由于具有优越的地理位置和上海人相对开放的心态，上海成为五口通商时代最活跃的条约口岸，并迅速地发展成为近代中国的交通枢纽、内外贸易中心。

从城市发展角度来看，1843年开埠通商，标志着上海逐渐向近代化国际大都市迈进。随着租界的划定，上海的版图上出现了截然不同、彼此分立的两个世界：一个是旧有的繁庶县城，一个是城北新辟的租界社区，由此，上海形成了一个城市、两个世界的奇特格局。这种地理格局，恰如其分地代表了近代上海对中西文化的兼容并包。

在开埠的半个世纪中，尤其是在李鸿章统治或遥控上海的时代，上海新式文化事业成批产生，从江南制造局翻译馆、同文书局、广学会到商务印书馆；从广方言馆、格致书院、中西书院、圣约翰书院到南洋公学；从《申报》《点石斋画报》《新闻报》到《时务报》，西学全面输入。从世界史地、国际常识、坚船利炮、声光化电到天赋人权、物竞天择，上海由此成为西学在中国的传播中心。因为租界的存在，特殊的政治格局以及文化市场等多种因素的作用，文化人才源源而来，上海文化人结构也由本地人为主变成流寓者为主，上海开始为全国知识分子所注目。

文化重心也由旧县城转移到了新租界。中国文化在西学冲击下受到怀疑，传统的天下观念、君臣观念、父子观念、男女观念、义利观念等受到批评。知识分子在吸收西学中缓慢嬗变、分化，科举考试不再是文人实现自身价值的唯一出路。知识分子在吸收西学、处理中西文化方面，提出西学中源、中体西用等主张，开始出现《马氏文通》那样以吸收西学方式来繁荣中学的尝试。当然，由于历史的原因，两千年来形成的文化传统不可能在朝夕之间就发生改变，所以，中西文化的差别依然深刻地体现在人们的社会、文化乃至政治、法规等意识方面。

19世纪与20世纪之交，上海城市经济的发展更多地受到国际上科学技术突飞猛进发展的影响，更为深刻地受到西方列强在世界各地瓜分势力范围的激烈争夺的影响。外资工业开始在上海崛起，金融业也开始介入清政府的财政。上海城市的金融区、工业区和商业区的格局由此而初露端倪。

与此相伴随的，还有上海错综复杂的政治形势。晚清时期，由于上海在中国的特殊地位，在中外联系中的特殊角色，发生在上海的政治斗争及其事件的处理，往往具有全国意义或国际影响。同样，发生在中国其他地方的事件，甚至起于欧美的政治风暴，也会在黄浦江畔掀起波澜。例如，因筑路引起的“四明公所事件”，闹到了北京；“苏报案”的发生，国内外关注；沙俄赖在东北，上海发生拒俄运动；法国侵略越南，中法交战，上海法租界发生危机；美国虐待华工，上海掀起抵制美国货的怒潮。

在上海的诸多社会变迁之中，文教方面尤其要提及的是近代上海教会学校的发展。鸦片战争以后，外国殖民主义者攫取了在通商口岸开办学校的特权。1844年签订的中法《黄埔条约》第22款规定：佛兰西（法兰西）人亦一体可以建造礼拜堂、医人院、周急院、学房、坟地。1845年的《上海土地章程》规定：外国商人租地以后，可以建造礼拜堂等房屋。根据这些规定，西方人特别是传教士在通商口岸陆续开办了一些学校。创建学校、兴办教育、传播宗教是西方传教士在中国传教所采用的普遍方式，基督教与天主教都是如此。

由于清政府实行严厉的禁教政策，传教士无法在中国公开活动，于是，他们考虑在邻近地方建立传教基地。最早面向华人的教会学校，是1818年10月伦敦会传教士米怜根据马礼逊（Robert Morrison，1782—1834）的指示在马六甲（马来西亚）开办的英华书院。

马礼逊是基督教新教来华传教的第一人。他于1807年9月到达广州后，边学中文，边翻译圣经、编纂字典。最早在中国开办的教会学校就是马礼逊学堂。这所学校于1839年11月4日在澳门成立，由马礼逊教育协会主办。1842年学校迁到香港，1850年停办。1860年以后，随着通商口岸的增加，传教士进入内地也便利很多，教会学校的数量骤增。

1877年第一次“全国传教大会”召开以前，基督教在华设立教会学校462所，学生8522人。1890年第二次“全国传教大会”召开以前，基督教教会学校学生数达16836人。1912年基督教会学校在校学生数达138937人，天主教会学校在校学生数约8万人，合计20万人以上。

晚清到民国这一时期，上海教会学校的发展可以分为三个时期。1847—1880年为初始期，教会所办的徐汇公学、裨文女塾与清心书院等学校多属于中小学水平。因为富庶之家并不把子女送入教会学校，所以学校初创时期的学生多来自教民子女和贫苦人家。1881—1891年为成型期。比如，1881年中西书院开办时，主要从富有家庭招生，尽管学费高昂，但申请入学的人仍然远远多于拟招生数。此时除了少数带有慈善性质的教会学校以外，一般教会学校已改变慈善的色彩，这也从一个方面表明教会学校已经被上海主流社会人士所认可。1892—1911年为提高期。1892年发生了两件事：其一，圣约翰大学开始正规的大学课程，开启了上海大学教育的开始；其二，专门面向富裕人家女子开办的贵族式的中西女塾开学。这两件事标志着上海教会教育向高层次发展。

总之，晚清时期是中国由传统社会向近代社会的过渡时期。此时的上海，处在古今、中西矛盾交汇点上，处在社会大变革的漩涡中心，新旧矛盾、中西矛盾往往最早在这里形成和爆发，矛盾过程的展开往往特别充分，具有普遍意义。

出生在社会大变革时代的郭秉文，赴美留学以前，在上海已经生活了26年（1880—1906年），深受近代上海中西文化的影响。郭秉文日后中西并蓄的教育理念，宏大的政治视野，无不与他早年在大上海的生活经历相关，而他日后在上海创办上海商科大学（1921年），担任中国国际关系研究所所长（1932年），无不体现他对上海在中国社会发展中重要地位的认识与远见。郭秉文对西方文化的深入认识，从清心书院正式开始。

清心书院受西学

1844年，美国强迫清政府签订了《望厦条约》，当年年底，美国圣公会（The Protestant Episcopal Church）即差派原在南洋的文惠廉主教（William Jones Boone）带着9名同行来上海进行传教活动。随后不久，美国北长老会差会（American Presbyterian Mission，North）也派传教士娄理华[①]（Walter Macon Lowrie）作为差会干事来上海传教。1847年，娄理华在杭州湾遇海盗，被海盗抛入海中，溺水而亡。1854年，长老会又派其弟娄理仁（Reuben Lowrie）夫妇来上海，在陆家浜立足传道。三年后，长老会又增派两对夫妇前来上海传教。

第二次鸦片战争期间，清政府被迫签订了《天津条约》，允许传教士到上海租界以外传教，长老会派遣了来自美国缅因州的范约翰（John Marshall Willoughby Farnham，1829—1917）与妻子范玛利（Mary Jane Farnham）到上海传教。范约翰夫妇到达上海后，于1860年2月6日成立“上海长老会第一会堂”（后称清心堂），由范约翰主持，起初范约翰将礼拜堂安设在住宅内。因为无论求知学习还是宗教修行，都需要“清净其心”，所以早期的教堂和稍晚期的书院，都取名“清心”。

①娄理华（Walter Macon Lowrie，1819—1847），是北美长老会派往中国的第一位传教士。毕业于普林斯顿大学，1842年抵达澳门，1845年转往宁波，翻译《圣经》。1847年8月在宁波与上海之间的杭州湾被海盗所杀，年仅28岁。之后，长老会为了纪念娄理华牧师，特在上海北京路清源里建造了思娄堂。参见程强强等著.真光书院校祖那夏理[M].广州：暨南大学出版社，2012:43.

清心书院和清心女塾校徽（Lowrie Institute and the Mary Farnham School）

19世纪五六十年代的战乱导致大量流民到上海避难，他们中的一部分进入租界。1860年，从传教目的出发，范约翰夫妇在上海大南门外陆家浜创办了一所学堂，招收因战乱而流离失所的难童入学，凡来就学者均供应衣食，并定名为“清心男塾”（Lowrie Institute），也叫清心书院，英文可译为“娄理华学堂”，以纪念筹款最得力的娄理华夫人（Mrs. Walter Lowrie）一家。

起初，学校条件极其简陋，在上海大南门外借民房一间上课，且“半为住宅，半为堂舍”，范约翰一人任教师兼校长达23年之久。1861年他们又创设清心女塾（Mary Farnham School）（当时仅有的五所女子学校之一），招收女童入学。两所学校早年所有校务及教学都由范约翰夫妇包办。另外，当时聚居在陆家浜沿岸的部分穷苦人家的子女也进入清心书院学习。

清心书院开学后，学生人数迅速增加，另辟新校势在必行。1865—1868年，男女两校校舍及礼堂落成，以后规模扩大，成为清心中学和清心女子中学。

范约翰 1860—1882　薛思培 1882—1925　张石麟 1926—1944　张蓉珍 1944　王心康 1944—1948　徐宗一 1948—1953

清心书院历任校长

书院初创时，颇有家庭气氛，所设课程亦以实用为功。对此，范约翰回忆道：

> 当时校中规模颇有家庭气象，以全堂学生分为数部，选其年龄最长者推为班长，以督率其余，教之以尊长爱友之道，食同席，寝同室，游同方，相敬相助，俨若一家。即所定之课程，亦力求切实有用，故于国文之外，旁及天文、地理、格物、算术之类，靡不悉心教授，而于道学一课，尤所注意焉。后为节省经费计，故于文课之外，又添设工艺一门，或教耕稼之劳，或事洒扫之役，男则耕种，女则纺织，较之事奉有人、呼唤有应者，固有劳逸之别，然人生于此，贵能自立，与其逸而仰给于人，则反不若劳而能独立不倚，谅亦诸君子所共许也。校中男女学生虽分堂教授，以重礼节，然绝无畸轻畸重之势，非惟力矫当世重男轻女之弊，使男女同教育，抑且欲使男女受同等之教育，故男女二校课程悉同，惟女校则加音乐一科，以臻完善而已。

正当范约翰准备大展拳脚之时，美国国内爆发南北战争，进而导致长老会内部分裂，再加上资金短缺，故如上文所述，为了节省经费，他将清心男塾、女塾改成半工半读性质的学校。学生除负责照顾自己起居之外，男生须参与种植园艺或印刷，女生则学刺绣针织。

可以说，是上海长老会在教会学校中第一个引进了职业教育。尽管这样的机缘来自美国内战中断了在中国长老会的经费，但它在进入20世纪后仍然是长老会的特色。清心学校的这一特色，无疑启发了郭秉文，使他成为职业教育的积极拥护者。回国伊始，1915年郭秉文就发表了《中国现今教育问题之一：职业之引导》，在开篇中就指出：

> 我国之办教育，已二十余年于兹矣。费无数之金钱，过如许之岁月，而成绩甚少，进步甚迟者何也？我国教育界有公言矣，曰：教育不切于实用也。夫教育不切于实用，则凡教授、训练、管理等，必不能深合于社会之需要，人人知之。虽然，如欲教授、训练、管理等，深合于社会之需要则奈何？余以为非于发达学子身心之外，复注意于学子职业之选择，而予以正确之引导不可也。兹将英美职业引导之状况，以告我国之执掌教育者，而谋所以施行之，可乎？

起初学校采取半工半读制不受大家欢迎，主要因为其他教会学校都雇佣仆人照顾学生。当时入读清心的大部分学生多来自贫苦家庭，但也因此学得了一技之长，比如，清心书馆曾是上海较有规模的印书馆之一，其技术也领先于同行业。

书馆培养出了许多新式印刷技术人才，商务印书馆创办人夏瑞芳、鲍咸恩等曾在此学艺。夏瑞芳别字粹芳，祖籍青浦，出身寒微，父亲是摊贩，母亲在上海给范约翰做女佣，他则留在家乡放牛。据说十岁那年因思念母亲，他跑到江边说服船夫载他到上海。最后母亲把他留在身边，范牧师介绍他进清心读书。初中毕业因需要养家而辍学，先在同仁医院做学徒，后转到《文汇报》学英文植字，再转到《字林西报》成植字部主任。做工期间，夏瑞芳曾产生过开办华人印书馆的念头，因为《捷报》的总编辑英国人奥谢对待华人员工态度相当恶劣，使得夏瑞芳无法忍受。恰逢同窗好友鲍咸恩同在《捷报》工作，二人志趣相投，又同为基督徒，两人便联合儿时同学高凤池和鲍咸恩的弟弟鲍咸昌，离开报社，自行创立印书馆。1897年2月11日，中国第一家现代意义上的出版机构商务印书馆在上海江西路德昌里末弄3号的一个小作坊里诞生了。郭秉文日后则与鲍、夏两家均有结亲，他先是娶了鲍哲才牧师的女儿鲍翠凤为妻，即鲍咸恩、鲍咸昌的妹妹，后又娶了夏瑞芳的女儿夏璐德为妻。

清水红砖墙面的清心堂主体建筑

1880年，学校改名为“清心书院”。1882年，薛思培继范约翰任校长，1908年改名为“清心中学”，1918年更名为“清心实业学校”。北美长老会发展至20世纪初，已有一定规模，在清心堂建堂五十周年之时，得到鲍咸昌、鲍咸恩等人资助，于清心书院内新建了一座西洋式的礼拜堂。这幢西洋式的红砖建筑，高两层。新堂建成后，原中式礼拜堂改作学生食堂。不过，这两座礼拜堂都在后来的历史中化作了一片瓦砾，今天的人们无缘一睹它们的身姿。下述清心堂，属于第三代的礼拜堂，落成于1923年元旦。1994年2月15日，清心堂成为上海市人民政府公布的优秀历史建筑之一。

到1910年，曾在清心学院学习的学生已累计六百余人，其中不乏在上海各界颇为出名的，诸如美华书馆的华人经理奚松龄，龙华孤儿院院长张廷荣，商务印书馆总经理夏粹芳，信成银行协办沈缦云。1949年以后由政府接办，男女两校分别改名为上海市南中学和上海第八中学。

由于父亲是长老会教徒的缘故，郭秉文少年时代便进了清心书院学习。1896年，郭秉文毕业于清心书院，鉴于当时清心书院实行七年制教育，因此郭秉文应该是在1889年，即9岁时入学。此时担任校长的是另一个长老会传教士薛思培。薛思培（1858—1939）出生于威斯康星州，他从1882年至1925年管理学校。这40余年中，郭秉文和薛思培的关系由学生与老师发展到老师与校长，并最终发展为董事长与副董事长，他们共同把学校带到了一个新的高度。

郭秉文就读于清心书院之后，中国社会发生着急剧而深刻的变化，1895年甲午海战战败，1898年戊戌变法运动，1901年清政府实行新政，1904年“癸卯学制”颁布实施，1905年废科举、兴学堂。少年时的郭秉文个子不高，这促使他下定决心发奋读书，“要让那些大个子能屈下身来听我的声音”。

薛思培任清心书院校长期间，缴学费的富家子弟开始增多，另外，随着办学条件的改善，他对课程做了调整。“故遂变其办法，一面重订课程，加高程度，务使诸生可以博通中西，一面则于学业期满，考试及格者，给予毕业文凭，以昭郑重。”课程的修订与进一步提高，对郭秉文而言，更好地奠定了“博通中西”的知识基础。

当然，有一点需要提及的是，包括长老会在内的基督教组织，在中国的最终目的是传教，提供教育是服务于上述目的的一种方式。在清心中学和清心女中的年度报告中，每年都记载了教徒数量，其中有半数学生成为长老会成员，包括郭秉文的亲属。但是，据郭秉文的亲属说，尽管郭秉文拥有宗教家庭背景并且接受过多年基督教教育，但他不是宗教信徒。因为在1925年的芝加哥演讲中，他专门谈到基督教教育，赞扬了基督教传教士的开拓精神，承认基督教教育在中国的深远影响，但同样支持将基督教设为这些学校的自选学科。

总之，郭秉文在清心书院较早地受到了西学教育，这为他日后赴美进一步接受现代西方大学教育奠定了基础，而清心书院办学注重社会实际需要、关注职业教育的实践对他日后的办学活动也有潜在的影响。

清心卒业立志学

1896年毕业后，郭秉文就加入了清心书院的教职队伍，但是只待了一年。郭秉文在清心书院做学生及担任教师时，清心书院尚不出名。1892年，学校有38名在读学生。次年，学生人数增至45人，其中12人为教会成员，另外还有8人申请入学。1895年的报告提供了更多详细的信息，可以使我们更好地了解清心书院的发展史，它与同时期的中国传统学校有很大的不同。报告显示，当年有48名学生入学，所有人都要自己置办衣服且每年至少交两美元学杂费。一些人付了全部伙食费，而一些人则付了部分伙食费。使用的教科书有《圣经》《中国古典文学》《旧约历史》、史密斯先生的《基督生平》《天道溯源》、马蒂尔的《算术和代数》、戴维斯博士的《地理》、皮尔彻的《自然地理》、波特的《生理学》以及一些英语书籍，包括历史、基础科学等。随着学校的不断壮大，当时在校学生达到200人，其中超过100人加入了教会，很多人被传教团聘为教师、布道师、印刷工人及其他岗位。

关于郭秉文离职的原因，隐约显现在薛思培的一份报告中，虽然薛思培并未提及郭秉文的名字，但是却提及“一位聪明优秀的年轻老师因不满意这边的薪水而参加了海关考试”。而离职后的郭秉文，因为英语的优势，也确实去海关工作了。17岁的郭秉文先后在上海、嘉兴、杭州等处海关、邮务及浙东厘金局等处任职。当时的中国海关把持在英国人手中，交涉过程需使用英语，因而雇员中不少人都是教会学校的毕业生。郭秉文得以在这些部门任职，其主要原因是具有良好的英语基础。

郭秉文离开清心书院的原因还可能与父亲的过世有关。郭秉文最小的弟弟郭品超出生于1891年，但是在1896年的全家福中，已经没有了郭父的影像，所以可以推断郭父在1896年以前已经去世了。作为六个孩子中排行老三的郭秉文可能不得不承担起挣钱养家的责任，与哥哥姐姐一起努力，分担母亲的压力。

另外，根据罗元旭对晚清时期中国基督教家庭的调查，很多在基督教学校学习了英语的学生做出了和郭秉文相同的选择——去海关工作，还有一些人幸运地到国外继续深造，成为外交官或政府官员。

1897年，清心书院遇到了比留住教职员工更大的困难。薛思培回忆说：“把年长的学生留在学校也非常困难。七八名学生偷偷跑到上海参加山海关铁路学校的预备考试，五个学生排除万难成功退学了。”尽管那年学校有47个学生并且大部分学生支付的书本费、寝具费和学费补足了学校经费的三分之一，但上海不断增长的开销用度还是使学校的财政状况越来越差，缺乏适当的教舍也严重阻碍了学校的发展，因此他们不得不“在前途未明前停止招收新的学生”。

郭秉文工作期间，商务印书馆的业务不断扩大。因为是清心书院校友的关系，郭秉文迎娶了鲍哲才的三女儿鲍翠凤，与商务印书馆家族建立了姻亲关系。1906年，鲍翠凤（与郭秉文结婚后改名鲍懿）成为清心女中三个毕业生之一，并参加了官方记载的中国第一个女校毕业典礼。

19世纪末20世纪初，中国萌生了现代高等教育。此时的郭秉文不再满足于在清心书院受过的中等教育。适逢中国教育向现代教育发展过渡的起步阶段，目睹“国事败坏”，郭秉文“思有以革之者，盖以为非振兴科学，无以救亡图存，而培养人才，则有赖于教育”，于是“担簦负笈，游学于美”。1906年，已经工作了十年的郭秉文，在长老会的资助下，毅然弃职求学，远涉重洋，赴美深造。

伍斯特留美深造

1906年，郭秉文赴美留学，最初在俄亥俄州伍斯特学院（College of Wooster）预备学校补习，两年后即1908年升入伍斯特学院。众所周知，大学本科阶段的学习对人的一生是非常重要的，这所俄亥俄州的高等学府给予了郭秉文良好的教育，培养了他不凡的品质，为他日后成为教育家、政治家、改革者、社会活动家奠定了基础。因为郭秉文具有卓越的演讲才能，这也使他成为伍斯特学院的风云人物，另外，伍斯特学院的求学经历还塑造了郭秉文的教育改革理念，同时也改变了他求学的方向。

首选伍斯特缘由

伍斯特学院位于美国俄亥俄州伍斯特城（Wooster），是一所本科层次的文理学院，由长老会教友于1866年创办，1870年正式开始招生。当时俄亥俄州的牧师詹姆士·里德教士（Rev. James Reed）最早提出要在俄亥俄州的韦恩郡建立一所宗教高等学府，并希望可以媲美东部的常春藤盟校。最终，长老会执行委员会承担起了建立一所长老派大学的责任，希望以此为圣主培养训练有素的领导者，教化民众，向世界传播文明与基督的恩赐。但是，大学的实际规划者却先遵循教育而后讲求教派，将这所学校建成了一所受长老派影响的文理学院。该校的校训是“Scientia et religio ex uno

美国伍斯特学院

fonte”，意为知识与宗教同宗同源。再如该校1908—1909学年毕业生名录中写道：“大学的驱动精神是忠实于真理、基督的标准以及大学支助者（董事会）的信任之情。”

伍斯特学院以追求卓越为办学宗旨，经过近40年的发展，到20世纪初的时候，具有了鲜明的办学特色，比如，该校特别注重科学教育，强调为人们在生活中的任何领域和迈向科学的最高阶段做好准备，因此，该校十分重视自然科学中生物学、地理学、物理学、数学、化学等课程的教学与研究。第一任校长威利斯·洛德（Willis Lord，1870—1873年任校长）扩展了学校的课程设置，除了古典语言学科的学习，学校特别增加了现代的学科，尤其是自然科学。学校任命了贺拉斯·马蒂尔（Horace Mateer，1855—1939）为生物系的新主任。贺拉斯对生物这一学科采取了富有想象力的措施，创立了医学预科这一专业，成为美国同类学院中的首例。路易斯·爱德华·霍尔登（1899—1915年任校长）更是聘用了博士，在学科上也有所侧重。

又如，该校实施男女同校，追求教育平等。从1870年起，威利斯·洛德校长就强调入学的非歧视原则，开始招收女生，致力于男女合校教育。他认为：“我们都是人，有同样的起源，这同时意味着我们最初的和本质上的平等。”他还认为，智力和道德水平应该是入学的条件，而不是种族、肤色或性别，因此他反对种族歧视，强调给予黑人平等的教育机会。19世纪80年代，伍斯特学院开始招收黑人，学院也以它的黑人学生为荣。男女同校的举措促进郭秉文在中国推行教育改革，作为日后南京高等师范学校的校长，在他的领导下，1920年，南京高等师范学校成为中国国立高等学府中首个正式招收女学生的学校。

作为长老会支持的大学，基于传教的动因，伍斯特学院特别注重办学的开放性，愿意接纳国际学生。该校鼓励在国外传教者的子女以及他们在国外所办学校的毕业生来伍斯特学院读书。1903年，伍斯特大学建立了圣经和传教培训学院，招收并不十分了解基督教的基督徒和对传教工作而非牧师职业感兴趣的学生。这是伍斯特时任校长路易斯·E.霍尔登（Louis E.Holden，1899—1915年任校长）与路易斯·H.赛弗伦斯（Louis H.Severance，1838—1913）的杰作。赛弗伦斯来自俄亥俄州的克利夫兰市，是约翰·D.洛克菲勒（John D.Rockefeller）在标准石油公司的同事，他有志于支持长老派海外传教任务，并在圣经和传教培训学院成立初期支持学院工作。

由于郭秉文的父亲是上海长老会的长老，所以郭秉文得到美国长老会的支持，来到了与长老会有密切关系的伍斯特学院学习。其实，郭秉文之所以选择这么一所不被国人知晓的文理学院，而没有申请东部的常春藤盟校，实则还有另外一层的关系。这要从范约翰夫妇和菲奇夫妇说起。

1860年，上海长老会清心堂由范约翰夫妇所创建，在这里范约翰夫妇结识了在这所教堂做礼拜的菲奇夫妇。而此后，郭秉文的父亲也同时受雇于范约翰，负责清心书院的医疗服务。乔治·F.菲奇与夫人玛丽·麦克莱伦于1870年或1871年加入了范约翰夫妇的工作。乔治·F.菲奇有四个孩子，其中乔治·阿什莫·菲奇（1883—1979）有可能在郭秉文进入伍斯特大学就读的这一决定中起了关键作用。乔治·阿什莫·菲奇1883年出生于苏州，1897年进入伍斯特预备学校，1902年6月毕业。1902年至1906年，在伍斯特学院学习。1906年夏天，小乔治的父亲在他毕业后不久便来到伍斯特居住。由于郭秉文是1906年进入伍斯特预备学校，所以他很有可能是与乔治一起来到俄亥俄州的，并在那个夏天得到老乔治和小乔治的指导，或至少在郭秉文7月抵达俄亥俄州之后他们三个人的生活轨迹曾经相交过。虽然这只是推测，但试想郭秉文的父亲从19世纪70年代开始在清心书院任校医，与同在该校的菲奇夫妇是同事；郭秉文进入清心书院后，定与菲奇夫妇相熟识。郭秉文准备进入伍斯特时，小乔治是伍斯特刚毕业的学长，而老乔治也住在那里。

可能基于上述原因，郭秉文并没有选择吸引人的常春藤盟校，而是来到了伍斯特这所历史悠久的文理学院。虽然无法查实郭秉文是不是伍斯特学院的第一个中国留学生，但他肯定是最出色的中国留学生之一。

本科学业奠基础

1872年，伍斯特学院与韦恩郡的公立和私立中学合作，建立了一所大学预备学校，为日后的大学教育做准备。至1890年，这所预备学校已声名鹊起。1906年7月郭秉文抵达美国，是年秋天进入伍斯特预备学校学习，此时他已经26岁。由于他先前在清心书院学习并教学，因此打下了一些基础，再加上十年工作经历积攒的丰富的人生阅历，所以四年的学业他只用了两年就完成了。

伍斯特预备学校每学期学杂费加起来不超过20美元，且大多寄宿于私人家庭，每周住宿费几美元。学校教师“受过大学教育，知晓如何讲得深入浅出……还有各学科的专家……要帮助的学生很容易便找到”。郭秉文入校学习时，共有255名在校生。他的同学是“从基督徒家庭中挑选的男生和女生……热衷于接受教育”。理念是：“服务——首先，服务自己，你才发现最好的自己并将你所有的自然资源变成力量；第二，通过帮助你达到他的理想，服务联邦、国家和世界……”

郭秉文抵达伍斯特时已26岁，相比于他的同学，即使是那些已经进入大学学习的人而言，郭秉文准备得更充分，也更独立，所以初期他并未居住在学校。但他要想获得成功，仍需付出一定的努力。

预备学校开设的是四年制课程，目的是建立坚实的教育背景，为大学做充分准备，并给那些无法完成大学课程的学生一个机会。如果学生曾学过拉丁文且程度较高，也可以在三年内完成学业。经认证的学生可获得入学资格，并需要提供一位老师或者牧师的介绍信。学生必须完成三大类课程中的一类，才可获得学位证书，以备进入大学本科学习。这三大类课程包括：古典类包括拉丁文和希腊语；哲学类包括德语；科学类包括化学、植物学、动物学和气象学。不论选择哪一类，都必须修习圣经研究、几何学、英语、历史、代数和物理。通过上述课程设置，可以看出伍斯特预备学校在通识教育与专业教育方面所做的努力。

1908年秋天，凭借预备学校的文凭，郭秉文进入伍斯特学院，开始了正式的大学学习。1901年，学校主教学楼被一场大火烧成断壁残垣，霍尔登开始筹措资金重建教学楼。

此时，美国“钢铁大王”安德鲁·卡耐基（Andrew Carnegie）提供了许多帮助，1902年，克利夫兰市的路易斯·H.赛弗伦斯也出资建了一些校内建筑，包括以他的名字命名的化学楼。由于郭秉文所学习的专业是自然科学，所以这些新的建筑陪伴了郭秉文的大学学习生涯。

根据要求，郭秉文就读的自然科学专业需要学生修习圣经、修辞学、文学、历史、伦理、法语、德语、经济学、心理逻辑、数学、化学、生物、物理和演讲等必修课；学生还需选修18门科学类选修课，共需修满124学分：72分必修，52分选修。根据郭秉文的成绩单，我们发现他选修了比较宗教学和考古学。他的成绩都在90分左右，只有生物课65分。郭秉文在大二时修习了许多学分，他在1910年秋天跳级开始学习大四的课程。1911年，郭秉文以荣誉学士的身份毕业。荣誉学士的颁布是根据本科生共计八学期中成绩最佳的3学期来计算决定的。

还有一点值得注意的是郭秉文进入的是圣经和传教培训学院。圣经学院主要培养在城市做慈善及宗教事务的牧师以及去国外的传教士，但也欢迎不想在国内外明确从事宗教事业却希望更多地了解圣经教义和价值的学生修学其课程。这些学生可以自由地选择课程补充其本科学习，郭秉文似乎就是这么做的。德尔伯特·利恩挂靠在圣经学院任职，他培养了郭秉文对演讲的极大兴趣。像大多数来自基督徒家庭的中国人一样，郭秉文赴美留学期间，受美国文化影响，他们都曾思考过或意识到成为基督徒应该是实现自身现代化的一种方式。

最后，当我们审视郭秉文学业时会发现，虽然他主修的是自然科学，但是他也广泛地学习了文科，以至于无法判定他真正的学业兴趣。清心书院时期，郭秉文就接触了西方宗教和非宗教的学科课程，对于他而言，伍斯特预备学校的学习加深了他对美国文化和宗教价值的理解。

除了关注学业，郭秉文也是北美基督教中国学生会（Chinese Students’Christian Association，C.S.C.A.）的创始成员之一。随着留美学生的增多，哈佛大学、耶鲁大学、宾夕法尼亚大学、密歇根大学、伍斯特学院、伊利诺伊大学、芝加哥大学以及哥伦比亚大学中信仰基督教的学生建立了一些小的团体。在留美生王正廷的积极推动下，他们决定成立一个以宣扬基督教立场为宗旨的学生组织，其创始成员包括王正廷、陈维城、韩安、郭秉文、曹云祥及余日章六人。

1909年9月2日至5日召开第一届会员大会，这是中国留美教育史上第一次由中国基督徒学生筹办的学生会议。55名学生出席会议，其中基督徒占28人，而C.S.C.A.也在会议中正式诞生，总部设于纽约。会上，王正廷当选为第一任总干事，陈维城及韩安分别为会长及副会长，郭秉文担任财务干事。北美协会的原初计划就是以C.S.C.A.作为一个推广青年会核心价值的中介组织，最终是为了中国青年会运动的发展而铺路。基于这个原因，C.S.C.A.的宗旨立场与青年会非常相近，其工作目标包括：(1）联结所有渴望巩固属灵生命以及希望借此对其他学生产生影响的留学生。(2）促进基督徒品格及基督徒团契的成长。(3）推动进取的基督教学生事工。(4）为基督教服务培训合适的人才。(5）带领学生在工作岗位上完成上帝国度的扩张。

郭秉文在预备学校和伍斯特学院的学习遵循系统、开放的原则。在进入哥伦比亚大学师范学院进行研究生学习后，他更注重的是方法和思想意识上的学习。郭秉文不仅在伍斯特的课程中获益良多，在伍斯特内外，他通过基督教中国学生会和中国学生联盟结识了许多人，在学生社团中积累了丰富的经验，并展现了他作为卓越演讲家的才能，而这也是日后他涉足政治领域的一大优势。

演坛健将领风骚

郭秉文在伍斯特学院学习期间，正值中国学子赴美留学的第一个高潮期，从此也改变了自1896年开始的留日传统。

1908年5月25日，美国国会通过一项法案，授权罗斯福总统退还中国“庚子赔款”中超出美方实际损失的部分，即美国公民当时所受生命财产损失和两年应有利息以外的额外赔款。中美双方达成协议后，创办了清华学堂，并自1909年起，中国每年向美国派遣100名留学生，这就是庚款留美学生的派遣，同时还用此款项资助已经在美的留学生。

1909年，第一批“庚款留学生”来到美国，其中包括后任清华大学校长的梅贻琦，及后来东南大学教员张子高、胡刚复等，共47人（另说50人）被派往美国。1910年，第二批“庚款留学生”共70人也到了美国，其中有胡适、竺可桢、张彭春、赵元任等。还有通过其他渠道到美国留学的。随着旅美学生人数的增加，留学生之间的交谊活动也逐步开展起来。

第二批"庚款留学生"

留美学生逐渐形成规模，于是组建起联谊会。当时旅美的中国留学生中，郭秉文因年龄较长，且有一定社会阅历，顺理成章地成了留学生活动中的骨干成员。当时，胡适和郭秉文都是会中的活跃分子，他们都以"演坛健将"著称。1911年，郭秉文写了一篇关于中国学生在美国的长篇文章，他在这篇文章中指出，当时有七百多名中国学生在美国，大约有三分之一的人像他一样得到庚子赔款基金的支持。中国未来的政治格局抑或教育改革是模仿日本还是模仿欧美的这场较量，也因为这批留美学生的加入而急速地发生力量对比的变化。美国国会通过的退还一半赔款的法案成功地打开了向中国输入美国精神和思想的大门，也赢得了中国人对美国的好感。

郭秉文除了是留美学生中的积极分子，在伍斯特学院同样也是学生中的风云人物。他曾任《中国（留美）学生月报》主编，《伍斯特之声》主笔，中国学生协会总秘书，1911年至1912年他还担任中国留美学生联合会的会长。这些经历，为他后来延聘大量留学生到南高—东大任教提供了人际关系上的优越条件，也为他日后的政治生涯积累了人脉。

在诸多才能之中，郭秉文首屈一指的是其卓越的演讲才能。郭秉文是一个高明的演说家，他曾经是伍斯特学院中以训练演说和辩论艺术为主旨的林肯社团、雅典人社团的成员。

林肯社团是伍斯特预备学校于1889年创立的文艺性社团。郭秉文是社团中的辩手和辩论评论人，在该社团的经历使他练就了卓越的演说技能。他在该社团的最早记录是1906年10月所做的有关“中国各行各业”的演讲，又在10月底讲述了“一个东方笑话”的原创故事。很明显，在这两则例子中，郭秉文都在向听众介绍中国文化。雅典人社团于1870年9月16日创立，与林肯社团一样，也是一个学生自主组织的文学社团。它同样培养学生辩手，但招收的是伍斯特学院的大学生，因此层次更高。该社团有许多像郭秉文这样富有技巧的辩手，活跃在俄亥俄州众多演讲比赛中。

1908年，著名的德尔伯特·利恩（Delbert Lean，1878—1969）来到伍斯特任教，并任演讲学教授。利恩非常重视演讲，也极为重视学生教育，在伍斯特，他一手创立了演讲系。他的到来对郭秉文在校期间取得辩论上的杰出成就有着深远的影响。

进入伍斯特学院以后，在1909年2月初，郭秉文为即将到来的校级和州级演讲比赛做了一次预备演讲，题为《中国的抗议》，谈论关于华人移民美国的问题。德尔伯特·利恩主持该活动，一周后，郭秉文凭借着这次演讲获得伍斯特学院演讲比赛第一名。

伍斯特学院校报记者称，郭秉文拥有中国事务的第一手消息，展现出其他演讲者无法超越的智慧和才华，同时，他对英语的精准驾驭也颇受赞誉。之后郭秉文晋级宾夕法尼亚—俄亥俄联盟的演讲比赛，并凭借《中国的抗议》夺得亚军。而他这些精彩绝伦的表现又让他成功晋级定于5月举行的州级校际比赛。该比赛于俄亥俄州特拉华的俄卫斯理安大学举办，郭秉文凭借《中国的抗议》荣获季军。另外，郭秉文1911年还获得北美中国学生联盟演讲比赛的冠军。

凭借着在林肯社团和雅典人社团接受过的辩论培训，郭秉文一直被誉为伍斯特学院的“最佳辩手”。由于郭秉文在1909年演讲比赛中的出色表现，伍斯特学院在1910年年鉴《索引》中给予了他特别的关注。1912年年鉴记载：“我们发现了一个很值得注意的人，他在到伍斯特学院之前就在中国政府部门占有重要的位置，他曾被选为伍斯特学院1908—1909年度的辩手。”

郭秉文的演讲才能，不仅为美国留学生所知晓，还为国内所知晓，这从清心书院校长薛思培所写《清心中学堂20年之历史（1890—1910）》一文中可见一斑：

然清心学生之足迹，固不限于神州大陆，其有志研究高深之学者，则多留学外洋各大学，在美利坚一国可考者，有郭秉文、董显光、李伟伯等。郭君为演坛健将，在马伯斯大学堂及中国留美学生大会时比赛演说连胜二次，亦足为吾清心扬名海外也。故虽有名士言曰：尝考中国之各学校，论其规模之宏大，果有驾清心而上之者，苟沦其造就人才，为教会为社会任大事者，则其数亦当不减于他校也。

此外，郭秉文还加入了伍斯特学院的和平协会。和平协会的目的在于宣传爱好世界和平的公众理念，支持英雄主义、公民身份、政治才能的实现。1911年2月23日，时任和平协会秘书的郭秉文就国际和平运动及中国在其中扮演的角色发表讲话，并利用幻灯机展示了中国的情形。

1910年秋，从《伍斯特之声》9月28日那期起，郭秉文开始担任该校报的荣誉编辑。从某种意义上说，这是他演讲、和平运动以及其他校园活动生涯的巅峰。他在演讲上取得的成功，不仅大大提高了伍斯特的曝光率，也把自己塑造成为中国留美学生团体的领导者。

加入校报为郭秉文提供了机会，让他可以就美国大学院校里中国学生不断增加的存在感进行反思，而郭秉文也是这些中国学生中的一员。他在1911年1月17日《伍斯特之声》上发表了一篇题为《中国留美学生》的特长文章，文中描写了前来美国的海外留学生，时间跨度从19世纪80年代起至1911年。郭秉文指出，虽然始于1872年的留美幼童计划以失败而告终，但从更长远的方向来看，保守势力不可能阻挡中国的进步。

中华帝国的大门已经敞开，普天之下没有任何力量能够将之关闭，而且，只要大门一直敞开，接受过西方培育的人一定会被委以重任。

郭秉文以留美幼童中的唐绍仪（1862—1938）、刘玉麟（1863—1942）、梁郭彦（1857—1924）等人做了例证。郭秉文还提到了美国大学在发展“新中国”中起到的重要作用。

美国院校通过这些学生给新中国带来的影响不容小觑。他们被比作美国用来向中国传输知识、理想、发明、制造、艺术等等的跨太平洋大桥。他们将会确保远东地区的和平与贸易，而这些靠条约和军队无法确保。简而言之，这些学生将会是美国文明向觉醒的新中国施加其卓越影响力最自然的媒介和最有效的工具。

这篇文章，虽然是学生时代郭秉文对留学生在中国迈向现代化过程中所做的思考，但是其论点非常鲜明，思路非常成熟。这篇文章中，一方面他本人的经历和所受的留学教育在其中有所反映，如伍斯特学院学习的人文价值观以及加入和平协会组织后对和平问题的认识，另一方面，也反映了这些论点的背后，郭秉文对国际政治敏锐的见解力，以及负责留美学生社团时期不得不思考的中美关系问题。

其实，郭秉文从1911年前后加入伍斯特学院和平协会起，就更加相信，通过教育实现东西方互相理解，不仅可以促进民族主义和国际主义的平衡，还可以推进世界和平的进程。基于这样的思想，离开东南大学以后，郭秉文于1926年倡议并组织成立了华美协进社，及至晚年又于1957年与恒慕义、曹文彦、鲍幼玉等人倡议成立中美文化协会（Sino-American Cultural Society），可以说，他所做的这些工作从本质上都延续了伍斯特学院时期所秉持的理念。

立志教育改初衷

郭秉文在伍斯特学院主修理科。自然科学是伍斯特学院最重要的专业，因为科学被认为能够“对尚未产生和想象中不确定的事物以无声但雄辩的证明”。经过三年的学习，1911年他获得理学学士学位。但在伍斯特学院毕业以后，郭秉文却转换了专业方向，投身教育学专业的研究。

孙洪芬，一名曾在芝加哥大学和宾夕法尼亚大学就读的化学家，被认为是中国现代化教育的先驱之一。1920年至1925年，她在东南大学担任文理学院院长。孙洪芬曾在伍斯特学院的校友简报上发表过一篇题为《正在努力的伍斯特人》的文章，讨论了郭秉文的职业：“在伍斯特学院，郭秉文放弃了他原来学习法律的计划，而对教育改革产生兴趣。他在哥伦比亚大学继续培养他的兴趣。毫无疑问，这是受他在伍斯特学院读书的影响。”

南京高师学生高明也指出：“先生盖以为非振兴科学，无以救亡图存，而培养人才，则有赖于教育，故所习如此（教育学）。”另外，留美学生会发布于1914年6月的“1911届第三次年度报告”中提道：“郭秉文，哥伦比亚大学博士生，决心要成为他所处时代真正的伟人。如今，他作为团长，受中国政府之命率团出国调查欧美的教育状况，旨在重组中国的教育体系。”

郭秉文离开伍斯特学院之后，顺应自己的内心，分别于1912年和1914年从哥伦比亚大学师范学院获得硕士学位和博士学位。由此看来，郭秉文在伍斯特学院的经历从某种程度上令他踏上了一条教育改革者的道路，而不是他之前所计划的法律道路。

伍斯特学院对郭秉文的影响，不仅在于选择未来职业方向，更深层次的还在于确定未来的教育理念。当了解了中国高等教育改革的需要以后，在他担任南京高等师范学院和国立东南大学校长期间，实施了一系列的改革，这些教育理念，日后被提炼为“四个平衡”的办学主旨：通才与专才的平衡；人文与科学的平衡；师资与设备的平衡；国内与国际的平衡。伍斯特学院历史系讲座教授葛德卫（David Gedalecia）认为郭秉文的“四个平衡”思想与伍斯特学院的办学思想是具有一致性的。

在这“四个平衡”里面，第二项与第四项至少有一部分源于他在伍斯特学院所接受的教育以及在校的经历。在人文与科学的平衡方面，虽然郭秉文修习自然科学，获得理学学士学位，但该学科课程却涵盖了文学、历史、英文、语言和艺术在内的基础课程。因为郭秉文所在的是圣经学院，所以他完成了宗教学课程以后，在广泛的通识教育中实现了文理的平衡。

在国内和国际教育的平衡方面，则明显来自于他在北美基督教中国学生会以及中国学生联盟中的经历。特别是1911年辛亥革命时，中国学生联盟毫无保留地支持孙中山，正因为如此，该联盟焕发出了活力。

然而，我们也应注意到，除了这一民族主义议题外，郭秉文积极加入伍斯特和平协会还反映出他对国际问题有着更广泛的关注。在1911年发表于《伍斯特之声》的那篇文章里，他为这种能够促进国际和谐、超越当时日益高涨的军国主义的跨文化教育辩解时也强调了这一点。1923年，在旧金山的一场国际会议中，郭秉文说出了如下观点：

> 我们必须通过教育和其他有效方式消除存在于国家之间所有的自私、自傲、憎恶和报复，并在这些国家培养友好精神、同情以及彼此的信念……如果全世界五百万教师和教育者都坚信战争的邪恶和对和平的需求……如果尽全力，他们自然

可以培养出拥有正确国际关系理念的新一代人。

郭秉文将教育视为中国进步、国际社会和睦的关键，而在实现国际社会和睦的过程中，中国将起到推动作用。他在伍斯特学院时对于演讲和辩论的激情是令他专注于教育发展的催化剂。伍斯特学院便是那些具有争议性和挑衅性观点的试验场。正是在此环境下，郭秉文受到激发，大声说出了华人在美国遭到的不公正待遇以及那些致力于世界和平的国际运动的优点。当时，他是一位想要影响中国乃至整个世界的年轻人。

1911年，郭秉文从伍斯特学院毕业，并进入哥伦比亚大学深造。这一年不仅是中国历史变革点，对郭秉文而言，也是人生至关重要的一年。从伍斯特学院开始，他就关注在美中国留学生，并由此扩展到中美教育问题。国内时局、社会需要等因素，促使他重新审视自己的学业方向。另外，他也开始从更宏大的视野进行思考如何借着1911年辛亥革命推翻旧王朝、建立新国家的契机促进中国走向现代化。

入学哥大创第一

1911年，郭秉文进入纽约哥伦比亚大学师范学院继续深造，从事教育学研究，1912年、1914年分别在此获硕士学位、博士学位。郭秉文弃理从文的选择，反映了那个时代“兴科学，办教育”的潮流。

在哥伦比亚大学师范学院期间，郭秉文得到了孟禄、斯垂耶（又译斯特雷耶）等优秀学者的指导。虽然在授课方面，他未直接受教于同在师范学院的美国教育家杜威，但是他却是杜威实用主义教育哲学的忠实践行者。郭秉文是第一个在美国获得教育学博士的中国人，其博士论文《中国教育制度沿革史》首次以比较教育学的视角对中国教育系统做出了全面审视，也较好地向西方介绍了中国的教育发展历史。郭秉文在师范学院结交了许多留美生及孟禄、杜威等著名学者，其中与孟禄的友谊更是帮助中国教育界与哥伦比亚大学师范学院建立了联系的桥梁，并为杜威等人的中国之旅做了铺垫。

哥大学业遇名师

哥伦比亚大学（Columbia University），简称“哥大”，1754年根据英国国王乔治二世颁布的《国王宪章》而成立，故最初名为国王学院，1787年改名为哥伦比亚学院，1896年改名为哥伦比亚大学。它是美国大学发展史上位列第五的学院，也是八大常春藤盟校之一。

哥伦比亚大学图书馆及“ALMA MATER”雕塑

哥伦比亚大学最初只有人文、科学和语言方面的学科。1767年，建立了医学院，三年后授予美国历史上第一个医学博士学位。1858年，哥大成立了法学院，以后陆续增设工程学、政治学、建筑学、哲学、理论科学、图书馆学、口腔外科以及教育学院、新闻学院等科系。郭秉文入校时，哥伦比亚大学已经发展成为具有众多学科的综合大学。

郭秉文在哥伦比亚大学学习时，校长是尼古拉斯·默里·巴特勒（Nicholas Murray Butler）。1862年，巴特勒出生于美国新泽西州，1882年毕业于哥伦比亚学院哲学系，随后继续在该系当研究生，1884年获得哲学博士学位。1885年，巴特勒从欧洲回国，担任哥伦比亚学院哲学系助教，不久被提升为讲师。1889年，他负责筹建纽约师范学院，并从讲师晋级为哲学副教授。1890年，巴特勒擢升为哲学教授，并担任哥伦比亚学院哲学系主任。1891年，他创办《教育评论》并担任该刊主编达三十年之久。1902年到1945年间他担任哥伦比亚大学校长，长达44年，在他的领导下，哥伦比亚大学从一所地方性学院发展成为世界著名私立研究型大学。巴特勒任校长期间，提倡在语言艺术和科学两方面培养年轻人，既通过普通教育课程为本科生提供宽广的知识面，又通过一定专业领域的教育，使学生掌握精深的专业知识。1931年，巴特勒获得诺贝尔和平奖。在他任职期间，哥大教育学得到很大发展，成为美国教育改革和学术研究的中心。

哥伦比亚大学校长尼古拉斯·巴特勒

哥伦比亚大学师范学院是美国最著名的教育学院之一，前身是成立于1887年的纽约教师进修学院，1898年并入哥伦比亚大学。师范学院从成立之时即立足于高起点办学。19世纪末20世纪初，院长拉塞尔

（J. E. Russell）着力延揽英才，使其师资阵容之盛堪称执世界教坛之牛耳。这里聚集了一批在世界现代教育史上成就斐然、声名显赫的大师级学者，如著名哲学家杜威（J. Dewey）、教育史家和比较教育学家孟禄（P. Monroe）、实验教育心理学先驱桑代克（E. L. Thorndike）、教育行政学家斯垂耶（G. D. Strayer）、教育哲学家克伯屈（W. H. Kilpatrick）、教育史学家法云通（F. Farrington）、教育社会学家拉格（H. Rugg）、教育测验专家麦柯尔（W. A. Mc-Call）等。这些学者共同铸就了哥伦比亚大学师范学院的黄金时代。正因为有众多著名学者在学院执教，哥大师范学院成为世界各国学子向往的教育圣地。师范学院创立之初，就实施了国际化的发展战略，特别注重学生来源的国际化，这使得哥大师范学院与中国留美学生、与近代中国教育的发展紧密相连。

哥伦比亚大学与中国留美学生的缘分始于洋务运动时期的“留美幼童”计划，其中唐绍仪、周寿臣、吴仰曾、张康仁四人相继就读哥大。进入20世纪后，不少中国学子远涉重洋，慕名而来，在哥大有过就读或研修经历的中国留学生，可以列出一份很长的名单。据统计，仅20世纪上半叶，就有一千余名中国留学生曾在该院学习，其中获得博士

哥伦比亚大学师范学院

学位者从1914年的郭秉文到1950年的傅统先、朱启贤等共计45名。据袁同礼统计，截至1960年，哥大授予华人博士学位的人数位居全美高校第一，其中许多毕业生的名字今天仍然如雷贯耳，如郭秉文、蒋梦麟、陶行知、胡适、陈鹤琴、马寅初、张伯苓等。这些学成归来的佼佼者大多进入文化教育界工作，对中国近现代教育产生了深远的影响。

郭秉文在师范学院就读时受教于多位著名学者，除了两位博士论文指导老师以外，与郭秉文日后交往最多的当属孟禄教授。孟禄于1899年开始在哥大师范学院任教职。同年，詹姆斯·拉塞尔开创了美国也是全世界的首个比较教育课程。后来，拉塞尔被任命为哥大师范学院院长，孟禄则成为该学院的国际化先驱。在师范学院，孟禄创立了比较教育学的学位项目，后来也多次出任美国国内与国外的政策顾问，并为多位国际学生募集奖学金。孟禄也担任过师范学院的教育系主任（1915—1923年），在这之后，小约翰·洛克菲勒为建立美国国际教育协会捐赠了一百万美元，孟禄也成为该协会的第一任主席。1924年，协会开始发表多种教育系统的比较分析报告，例如，小学教育、农村教育、协会教育等。教育年鉴从1924年开始一直出版到1944年，至今仍以《世界教育年鉴》的形式存在。教育年鉴充分地将比较教育学系统地传播到世界的每一个角落。

在师范学院的早期，学院与中国的关系十分密切。孟禄多次到中国探访，杜威也曾前往中国十多个城市演讲三百余场。孟禄的才华以及他对国际学生的热心支持得到了比较教育学界的高度尊重。他曾在1924年提议将庚子赔款的剩余资金用于设立奖学金、建设国家图书馆，以增强中国科学教育的实力。他也曾在多个知名机构担任董事，例如，华美协进社、美国教育理事会的国际关系委员会、美国国际教育协会、中华教育文化基金会等。

哥伦比亚大学师范学院教授保罗·孟禄

从各个方面来看，孟禄是真正的学术活动专家。一个典型的例子就是用筹款来促进比较教育领域的研究和设立学生奖学金。他向小约翰·洛克菲勒建议资助三个领域：培养国际留学生；对各国教育系统进行调查和研究；培训教育传教士。因此，洛克菲勒向哥大师范学院董事会主席梅西提议设立资金用于资助国际学生。从1923到1938年间，师范学院共录取约4000名国际学生，其中五分之一的学生得到了美国国际教育协会的奖学金资助，受益学生共740名。在梅西奖学金的最后一年（1931—1932）里，师范学院共有1200名国际学生。因此可以说，师范学院比较教育学早期的“黄金时代”无疑与孟禄和他的美国国际教育协会有着密切的关系。

在师范学院中，郭秉文是留学者的先锋人物。他在大批中国学生赴美留学到来之前就完成了博士学业，树立了自己开创者的地位，尤其是他所撰写的《中国教育制度沿革史》的博士论文，影响了跟随他的足迹来师范学院学习的后辈留学生群体。

博士学业多思忖

1911年，郭秉文到哥伦比亚大学师范学院学习，仅用一年便取得硕士学位，其硕士学位论文题目为《中国现代学校的教师》（Teachers for Modern Schools in China）。随后选择“教育基础理论”方向，在斯垂耶和法云通教授指导下继续攻读博士学位。

郭秉文围绕中国教育问题，选择了中国教育史的研究领域，并以“中国教育制度沿革史”为论文题目，希望寻求历史的借鉴。他在博士论文中写道：“正言之，为模范，为指南；反言之，则亦前车之覆辙也。”另外，他也希望向英语国家的人们介绍中国教育制度的演进情况。

郭秉文选择教育史方面的选题，或许与当时哥伦比亚大学师范学院是教育史研究“重镇”有关，当时这里有着以孟禄为学术领袖的教育史研究团队。据不完全统计，在1899—1921年间，在师范学院的191篇研究生学位论文中，46篇属于教育史领域，接近四分之一，可见有不少的学生投身于教育史的研究。

自赴美留学以来，郭秉文与孟禄关系颇为密切，但是他却选择了以“教育行政与统计”为专长的斯垂耶为导师。不仅郭秉文如此，后来者如蒋梦麟也选择了教育史领域的题目，同时也选择斯垂耶为指导老师，并完成了《中国教育原理之研究》（A Study in Chinese Principle of Education）的博士论文。其实，这样的选择很大程度上是基于师范学院学缘圈的现实考虑。如将孟禄和斯垂耶两位导师相比，斯垂耶有着更为突出的学缘优势，刘蔚之博士的研究也证明了这一点。孟禄1897年博士毕业于芝加哥大学，受过系统的史学和社会学训练，1899年被院长罗素招致麾下，担任教育史副教授，1902年晋升为教授，研究专长为教育史。斯垂耶师从师范学院知名心理学家桑代克，1905年获得博士学位，1910年出任教育行政学系主任。深谙人情世故的郭秉文、蒋梦麟，深知学术流派的重要性，选择斯垂耶，就意味着可以借助斯垂耶与桑代克的师承关系，拥有庞大的学缘关系网。

后来的事实也证明的确如此，截至20世纪40年代，斯垂耶又先后指导了邰爽秋（1927年）、何荫棠（1933年）、陈友松（1935年）和刘彭年（1944年）四位中国研究生，陶行知的博士论文指导导师也是斯垂耶，可惜的是在他完成了口试答辩后，因回国继续收集整理，写成的初稿在一场突发大火中被烧毁而无法提交故未能完成。可以说，斯垂耶是师范学院指导中国学生最多的一位导师。

1930年，15名获得哲学博士学位的中国学生，除3名为斯垂耶亲自指导外，其他12名导师分别也与斯垂耶有直接的关系，伍德沃斯（Woodworth）和盖茨（Gates）是斯垂耶的师叔辈，而邓恩（Dunn）和希莱加斯（Hillegas）则是斯垂耶的同门，根深叶茂的导师人脉几乎悉数将中国学生覆盖进来。

从美国教育科学的学术发展脉络来看，桑代克在师范学院或美国的教育科学研究领域有着更大学术的影响力，即使像杜威这样的学界巨擘，由于其影响主要在思想领域，所以在师范学院估计其影响也难以企及。

比如，当杜威来到哥大师院的时候，心理学家桑代克发表了《心智与社会测量理论导论》（1904年）。这部重要著作，提出了与杜威以哲学为取向不同而强调以科学为取向的教育学术研究观点。而后被称为“教育测量运动之父”的桑代克倡导教育研究的科学化，将其建立在进行控制性实验和精确的定量测量基础之上，由此主张依赖专业化的知识，促使教育研究成为一门专业科学。“杜威的观点与20世纪初期学术界十分明显的职业化和专业化倾向格格不入。桑代克和贾德的观点却与当时各种知识的社会结构与时兴的观念及价值十分吻合。”

哥伦比亚大学知名心理学家桑代克

桑代克对于教育专业化的推进，得到了时任哥大师院院长拉塞尔的大力支持，其与贾德（杜威在芝加哥大学教育系的后任系主任）在学术上相互呼应，使他们倡导的研究成为美国教育研究的基本范式。

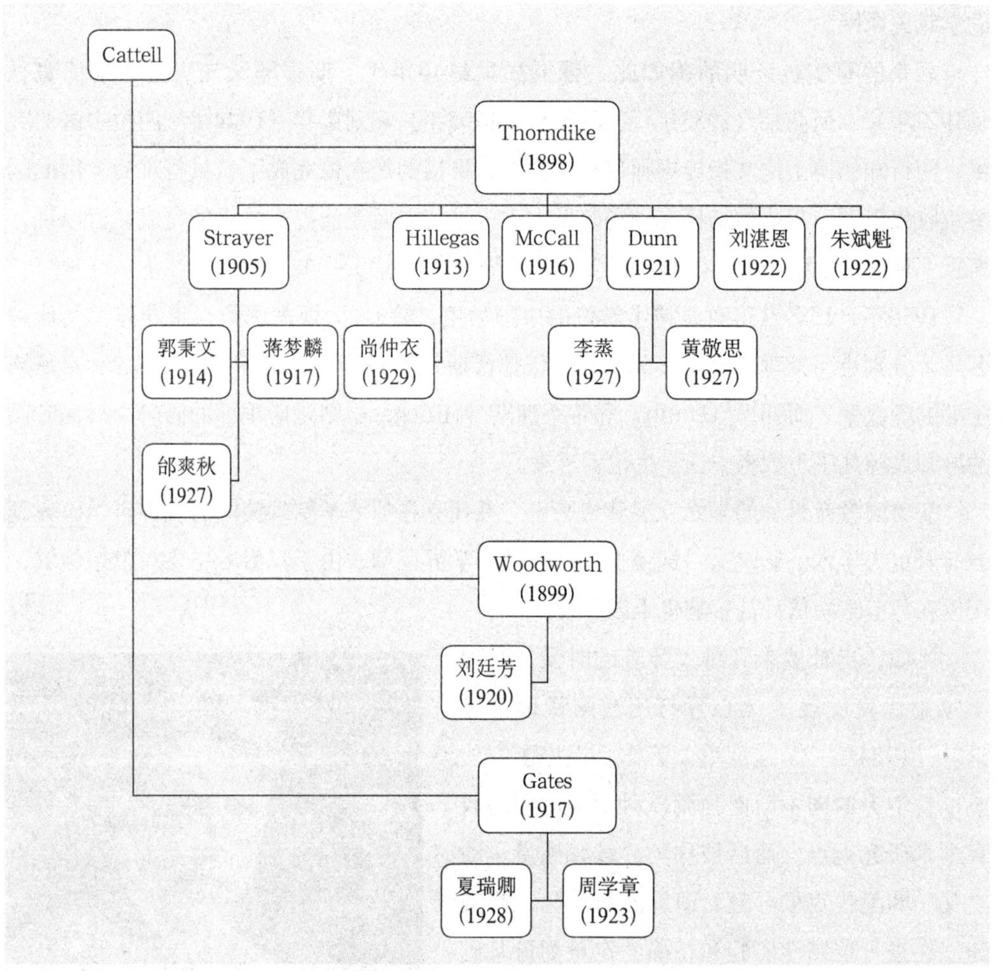

Dr. Strayer学缘谱系图〔参见刘蔚之.美国哥伦比亚大学师范学院中国学生博士论文分析（1914—1929）[J].台湾教育研究集刊，2013(2)：31.〕

对于师范学院的海外留学生来说，导师的学术水平和学缘圈子都是非常重要的资源。门派之别、同学之谊向来为国人所重视，“中国为人情社会，而且实际上地缘较血缘作用更大，同乡同学又是维系人情的重要纽带，这种感情因素往往制度化为社会组织功能”。可以说，作为师范学院第一位中国教育学博士，郭秉文获得了不可多得的人脉积累契机。

另外，需要说明的是，尽管郭秉文选择了斯垂耶为导师，但并没有阻碍孟禄对郭秉文学业的指导。郭秉文在博士论文的前言中，除去表示对斯垂耶和法云通两位导师的敬意外，还对师范学院教授孟禄（Monroe）和希莱加斯（Hillegas）、哥大教授西斯（Hirth）、长老会外国传教团委员会（Presbyterian Board of Foreign Missions）的赛罗博士（Dr.Sailer）及同事麦思思（Messrs）做了致谢。

郭秉文与孟禄在师范学院结下了深厚友谊，从孟禄为郭秉文博士论文英文版作序（1915年）可以看出。之后的人生中他们又有着亲密的合作关系，比如，分别任中华教育文化基金董事会的中方和美方董事（China Foundation for the Promotion of Education and Culture，1924），1926年共同发起成立华美协进会（China Institute），因此作为老朋友，孟禄十余次的访华都与郭秉文有一定的交往。孟禄也在回忆中视郭氏为“最胜任、最可靠”的人。另外，从郭秉文博士论文致谢的学者以及选课档案所传达的信息来看，虽然郭秉文与师范学院兼职教授杜威没有学业交集，但是郭秉文所受之影响却明显存在，而且后来的哥大中国留学生都深受杜威哲学观念的熏陶。

杜威是美国实用主义哲学大师。1904年他从芝加哥大学来到哥伦比亚大学主讲哲学，进一步扩大了早年在芝加哥创立的实用主义学说的影响，成为美国哲学中的显学，哥大也成为美国实用主义哲学的大本营。胡适等中国留学生就是因为仰慕杜威而来哥大求学的。他说：

美国哲学家、教育家杜威

> 杜威教授当然更是对我有终身影响的学者之一。在我进入哥伦比亚之前，我已读过杜威等人的著作，我转学哥大的原因之一便是因为康乃尔哲学系基本上被“新唯心主义”学派所占据了的缘故。杜威便是被他们经常提出的批判对象。在

聆听这些批杜的言论和为着参加康大批杜的讨论而潜心阅读些杜派之书以后，我对杜威和杜派哲学渐渐发生了兴趣，因而我尽可能多读实验主义的书籍。在1915 年的暑假，我对实验主义作了一番有系统的阅读和研究之后，我决定转学哥大去向杜威学习哲学。

1916年与教授和同学在哥伦比亚大学师范学院合影（中间为孟禄，孟禄身后为陶行知，前排左一为胡适，后排左二为蒋梦麟）

胡适、陶行知、冯友兰等许多中国留学生都曾亲聆杜威、克伯屈等实用主义教育大师的教诲，并与杜威等人往来较密。杜威学说在哲学上为他们展现了一个实用主义思想的新世界，并对他们哲学观念的形成有着决定性的影响，如陶行知曾连续两个学期选修教育哲学课程，自认为是实用主义的信徒；冯友兰认为“实用主义提供了发现真理的一种方法”；而胡适之所以决心试验写白话诗，“一半是朋友们一年多讨论的结果，一半也是我受的实验主义的哲学的影响。……我的白话诗的实地试验，不过是我的实验主义的一种应用。所以我的白话诗还没有写得几首，我的诗集已有了名字了，就叫作《尝试集》”。

最后要提及的是，国内学界有学者认为，1914年郭秉文博士毕业之际收到江谦聘书，邀请他做正在筹备中的南京高等师范学校的教务主任，这一观点看来并非与事实吻合。因为在郭秉文英文版博士论文的扉页中，他列举了自己的一系列社会职务，不仅有江苏省欧美教育委员会成员，甚至连不定期的中国海关事务成员也做了标明（Member of the Kiangsu Provincial Educational Commission to Europe and America and Sometime Member of the Chinese Maritime Custom Service）。鉴于博士论文前言的时间为1914年6月1日，由此而论，在6月份以前，郭秉文应该没有收到南高师的聘书。而且南高师校长江谦的任命也发生在当年8月份以后，所以这一判断应该是错误的。

基于实用开山功

1915年，哥伦比亚大学师范学院出版了1914年郭秉文完成的《中国教育制度沿革史》的博士论文，孟禄教授作了英文序言，赞许“郭博士之著是书，不独表扬己国之事迹，且俾西人，恍然有悟于中邦维新之变革”。之所以获得这样的评价，在于郭秉文深谙儒家传统文化精神，又对美国社会文化有深入了解，因此可以将中西教育文化进行较好的对比，形成了自己独特的见解，进而对当时中国国内的教育改革具有借鉴意义。

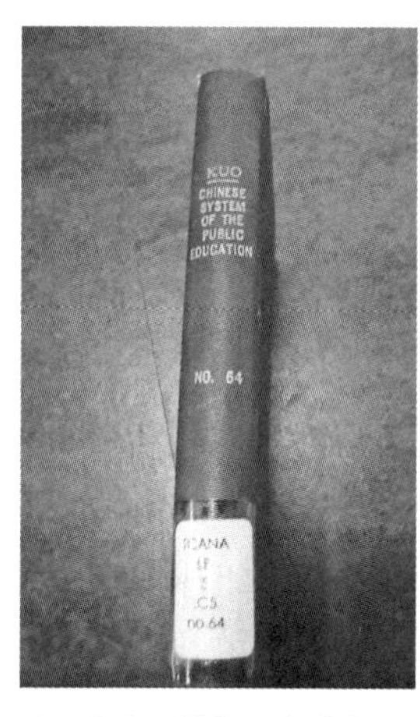

1915年出版的郭秉文英文版博士论文

1916年，由周盘译述，又加上了黄炎培作中文序的《中国教育制度沿革史》中译本在上海商务印书馆正式出版。黄炎培在序言中写道：“郭子鸿声示我所著《中国教育制度沿革史》，受而读之，盖空前之作也。”

《中国教育制度沿革史》在中国教育学科发展史上占据重要地位，它拥有多个“第一”的身份：作者郭秉文是我国第一个在国外获得哲学（教育学）博士学位的人；该书是我国第一本中国教育制度史著作，也是现代中国第一本全面体现实用主义教育学术范式的教育学著作。

该书以美国实用主义教育学说为理论基础，运用西方教育学术范式对中国的现实问题开展研究，力求中西结合、经世致用，建构了现代中国实用主义教育学术范式。作为20世纪初期世界教育研究重镇哥伦比亚大学师范学院第一位中国留学生撰写的教育学博士论文，《中国教育制度沿革史》的写作模式成为此后蒋梦麟、胡适、陶行知等人撰写博士论文参考借鉴的样板。该书及作者的其他早期相关论著建立了现代中国实用主义教育学术范式，开启了中国教育学转向美国实用主义教育学术范式的进程，影响了一代中国学者。

全文共分八编：

第一编　上古教育制度之起源

第二编　上古教育制度及其退化

第三编　汉以后各朝教育之沿革

第四编　新旧教育之过渡时代

第五编　新教育制度之建立

第六编　民国时代所建之新教育

第七编　现今国民教育之重要问题

第八编　撮要与结论

除正文外，还有三个附录，正文以文言文所译中文本约6万字。

在这本论著中，郭秉文对中国自远古至1913年间中国教育制度的发展沿革做了清晰的勾勒和精辟的论述，同时分析了中国教育制度所受到的政治、文化和社会心理因素的影响。他从推动中国教育改革的现实需要出发，认为中国传统的教育制度除了被统治者作为“致国于太平”的工具和儒家文化的影响外，还在很大程度上受到好古崇旧的社会心理的支配。

在这篇博士论文中，郭秉文论及许多与教育制度相关的问题，如在课程问题上，他强调实用科学和让学生掌握科学方法的重要性：“故欲吾国之发达，非以实用科学灌输于青年，且奖励其练习切实之观察与信确之统计，难以有功。”“课程小部分时间用于记忆科目，若国文等是；大部分则为科学，简言之，俾多求得技能之途径而已。”“此外又有一通病当医者，则以吾国之教育过重形式与文字之学，学校之师生富于抽象之理想，于科学方法未遑多求。”郭秉文还特别强调师范教育的重要性。他认为，“中国今日之所需者为高等师范学校之改良，以养成中学教员”，并批评当时国内教育界在提高教师素质方面工作的薄弱，要求政府加强对这方面工作的支持。对这些问题的论述，反映了郭秉文对教育问题认真而缜密的思考。

可以说，郭秉文所撰博士论文《中国教育制度沿革史》是我国最早的一部系统论述教育制度的专著。郭秉文以杜威实用主义教育思想为指导原则，又借鉴以孟禄为代表的20世纪初期美国学者的教育史研究范式，从比较教育的研究视角出发，立足于中国立场，在系统梳理和解释中国教育制度历史演进的基础上对中西教育制度进行了客观的比较分析，并对许多与此相关的教育问题进行了广泛而深入的思考。

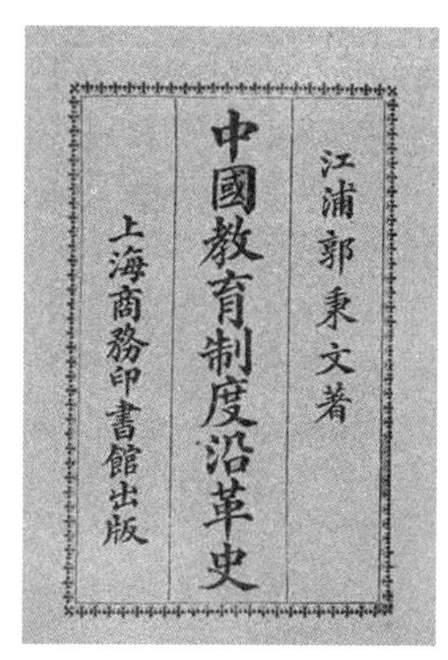

1916年上海商务印书馆出版的《中国教育制度沿革史》

撰写博士论文期间的思考，无疑为郭秉文日后的办学活动奠定了思想基础。所以，在某种意义上可以说，博士生涯在郭秉文的人生中处于承上启下的时期，这一时期是郭秉文在三十而立之年对生活、学习、体验的总结，同时也是他归国后办学实践、改造社会的开端。

另外，郭秉文的博士论文除了彰显实用主义教育学说，“教育救国”的理想同样反映在博士论文的选题上。那个时代的学人多抱着教育救国、科学救国的理想求学海外，由于对国事的关心，所有论文选题多数以中国为背景，以解决中国问题为宗旨。

其实，郭秉文选择教育作为专业方向，其初衷是“有感于培养人才，则有赖于教育”，其兴趣点却在于“教育改革”的力量，“国事败坏，思之以革之者”。他在博士论文中做了进一步阐述，在论及“教育与民族进步”关系时强调：“现在中国的教育改革为一枢纽，牵动各种改革事业，皆随之而变化；因为教育为国家造就栋梁之材，置国家磐石之坚。”

这样的选择与当时国内“教育救国”的舆论遥相呼应。不仅是“弃理选择教育”的郭秉文，次年“弃农选择教育”入师范学院读书的蒋梦麟亦是如此。同时，就当是国内的时局而言，选择教育作为所学专业，可以在“官吏和教员”两途之间游走，适应“归国后畸形的从业环境”，亦能践行所服膺的“教育改革”力量及顺应国人“学而优则仕”的传统心态。从郭秉文和蒋梦麟回国后从业轨迹看，他们都将全部精力放在了“教育改革”的推动上（做校长），而不是教育学术和教学实践。

总之，郭秉文选择师范学院的动机在于“教育改革”，而不在“教育”专业本身，这一点，与他回国后只担任教育行政职务可以证明，“公在校未任课”。

参与社团获人脉

在师范学院学习的三年里，郭秉文继续热衷于参与学生社团活动。郭秉文在师范学院读书期间，由于庚款留美计划的推动，出现了第一次留美高潮。随着留学生的增加，在顾维钧等人的努力推动下，统一了全美留学生学生会组织，1911年成立了中国留美学生联合会，郭秉文当选为首任会长。

民国时期的外交家顾维钧

郭秉文的当选有赖于三方面的原因：其一，哥伦比亚大学有36名中国留学生，居留美高校的首位。其二，他曾担任东美中国留学生学生会主席，同时也得到了同在哥伦比亚大学读书的顾维钧的支持。东美中国留学生学生会虽然成立时间最晚，但是因为人数多，所以影响力最大。其三，郭秉文在伍斯特学院积累的宽厚人脉，也起到了很好的作用。

另外，此前已经提及，郭秉文在伍斯特学院期间是北美基督教中国学生会的六位创始人之一。为了加强出版工作，北美基督教中国学生会于1911年成立了出版委员会，郭秉文担任

1912年11月出版的《中国（留美）学生月报》封面

2013年整理出版的《中国（留美）学生月报》第17卷

总编辑，并在他的推动下，将其扩展成了英文月刊《中国（留美）学生月报》（The Chinese Students' Monthly），以适应读者群的广泛需要。

在郭秉文等人的倡导下，中国学生会对《中国（留美）学生月报》的内容和目标做了改动，刊载美国政治风俗并设立“学生世界”，对回国留学生的情形予以详细记录，而且增设中文版，以《年报》为名，使国内了解美国社会情形及留学生的情况。《年报》在纽约编辑，由国内中华书局代为出版，每年出版一期，至1914年元月，年报共出三期，是年春季改为季刊。以郭秉文为代表的留学生领袖，发行中文季刊的策略，体现了留学生群体对国内时局发展的一种回应。

民国时期的外交家王正廷

郭秉文在师范学院期间，还参加了中国教育研究会。该研究会成立于1907年前后，成员由师范学院的中国学生和对中国问题感兴趣的美国教授组成，就中国热点教育问题不定期举行讨论会。据顾维钧回忆，“中国学生俱乐部”也是郭秉文常去的地方。他和郭秉文虽住同栋学生宿舍，但因在不同院系，平日碰面的机会甚少，在纽约领事馆举行的中国学生俱乐部月会就成了两人增进友谊的场所，他们兴趣相投，热衷于谈论中美关系等问题。

郭秉文还时常应邀参加纽约社会名媛的集会，同去的朱友渔自称为“郭的跟班”，郭秉文以“庄重、善谈、绅士般的学者气质”而成为最受欢迎的公共演说家。借助校内外的社团活动，郭秉文广泛交结在美高校中国留学生，积累了众多的人脉关系。

总之，就郭秉文而言，哥伦比亚大学师范学院的学习不仅使他获得了师范学院第一位中国博士学位的桂冠，更重要的是在哥大的校园中，他欣赏着美丽的校园，沐浴着科学民主之光，聆听大师的教诲，在政治见地、哲学观念、思维方式和教育视野等多方面都受到潜移默化的熏陶和影响，了解了世界教育的发展状况及趋势，因而在学术研究领域更是得到了很大的提升。同时，参与留美学生社团活动，一方面展现了他的组织领导、演讲等方面的才能，另一方面使他结交了许多留美学生，建立了良好的人脉关系，再加上通过导师斯垂耶以及孟禄教授而结识的哥大教师群体，为他日后归国办学、延揽人才、参与教育改革活动奠定了多方面的基础。

1924年，洛克菲勒基金会(Rockefeller Foundation)的局长认为，郭秉文博士领导东南大学像当时年轻的美国大学校长一样，他说：“郭是一位受过教育的学生，也是个天生的领袖。”1925年，郭秉文说：“中国可以学习美国科学的知识，美国也可以学习中国对人生的想法和鼓励学习中国文化的精神。”可以说，郭秉文既鼓励美国人学习中国，同时也鼓励中国人学习西方，希望能够改善和加强中美的关系。

以公心推进教育

1914年，郭秉文学成回国，先后参与南京高等师范学校（以下简称“南高”或“南高师”）、国立东南大学（以下简称“东大”）、上海商科大学的筹建，并先后担任这三所高校的校长。20世纪20年代初，郭秉文利用校长身份，通过民间路径开启的高等教育改革为中国高等教育现代化打下了一定的基础，充分体现了他将西方高等教育制度和中国文化内涵相结合所做出的努力。但1925年初突如其来的厄运，中断了郭秉文在高等教育领域十年的辛勤付出，人生轨迹由此改变，也导致东南大学元气大伤。

南高前身多曲折

南京高等师范学校起源于前清时期的三江师范学堂，后在两江优级师范学堂的基础上筹建。1901年，清政府试行“新政”，颁布了《人才为政事之本》的兴学诏书，推行了兴学堂、废书院的举措。在这样的历史背景下，三江师范学堂应运而生。

1903年2月5日，张之洞正式奏请创建三江师范学堂。他在《创建三江师范学堂折》中提出“师范学堂为教育造端之地，关系尤为重要”的观点，并禀报皇上：“兹于江宁省城北极阁前，勘定地址，创建三江师范学堂一所，凡江苏、安徽、江西三省人士皆得入堂受学。”1903年3月20日，张之洞与继任的两江总督魏光焘进行了交接。魏光焘对于三江师范学堂的创建方略与原则，未做大的变更。在魏光焘的组织实施下，三江师范学

三江师范学堂开学合影

堂的筹备工作有条不紊且卓有成效。

1904年7月，三江师范学堂总办杨觐圭通知两江所辖各府州县，三江师范学堂将在9月15日、16日两天举行招生考试。由于如期前来应试者人数有限，仅录取120人。10月又举行一次招考，录取180人，共计300人。所取学生分为三年制初级本科32人，二年制速成科187人，一年制速成科81人。11月26日，学生正式入学上课。

三江招生入学之后，学生由于学堂之名、学堂用人和经费分摊等问题发生省际纠纷。江苏籍的士绅如张謇等人提议应为三江师范学堂"正名"，理由是自雍正元年起，两江总督就兼辖江苏、安徽、江西三省。在两江总督驻节之地开办的师范学堂，应更名为"两江优级师范学堂"，它不言而喻为三省公学，无须以"三江"为名。经过一段时间的争议，两江总督周馥也认为"三江"之名意义含糊不明，遂于1906年5月改"三江"为"两江"，并根据《奏定学堂章程》条例，定名为"两江优级师范学堂"。

1910年前后的两江优级师范学堂

三江、两江前后开办8年，至1910年时共有毕业生919名。其中"三江"时期毕业117人，大多到小学堂任教；"两江"时期毕业802人，包括程度较高的"分类科"和"选科"的毕业生248人，他们一般取得中学堂或初级师范教员的资格。他们的视野、抱负、学养和能力，在学界和社会得到好评。1910年初上海《时报》报道说："两江师范学堂本科学生已满五年二级者共有三百余人，将举行毕业……唯各学堂在事人员，多系从前速成学生。该班一出，定行压倒侪辈，故刻下旧日之师范生异常惶恐云。"

辛亥革命发生后，南京一度成为政治风云会集之地，两江优级师范学堂因战乱而一度停办。从1912年起，两江师范的师生曾多次发起复校运动，如1912年6月间曾有改两江师范为"南洋大学"之议，遭否定后又有人提出改设"南洋优级师范"、推举张謇为校长的建议，但均未成功。直至1914年8月30日，江苏省民政长韩国钧才接受地方及学界名流的建议，咨请教育部"改两江优级师范为南京高等师范学校"。

1911年的辛亥革命，推翻了清王朝的统治，结束了中国长达两千多年的封建君主制度，建立了共和政体，为近代高等教育开辟了道路，也为南京高等师范学校的成立提供了契机。1912年1月1日，孙中山正式就职临时大总统，宣告中华民国临时政府成立。孙中山就任后，推举蔡元培为临时政府教育部首任总长。1912年4月，南北统一，袁世凯成为中华民国临时大总统，蔡元培继续担任教育总长。

两江优级师范学堂师生合影

蔡元培履职以后，立即着手教育改革，比如，废止“读经课”和“经学科”，废止奖励科举“出身”，废止贵胄学堂，删改教科书等。蔡元培还主持制定了新的教育法令。1912年和1913年，教育部通过并颁布由蔡元培等起草的《大学令》以及《专门学校令》《大学规程》《公立专门学校规程》《私立大学规程》《高等师范学校规程》《高等师范学校课程标准》等一系列法令和规程，重新修订了学制，建立起新的学校系统，史称“壬子癸丑学制”。其中，把高等教育分为大学、专门学校和高等师范学校三个相对独立的体系。

1912年7—8月，中华民国临时政府召开了全国临时教育会议，会议决定十年之内在全国建成四个大学区，分别在北京、南京、武昌、广州设立大学。另外，还通过了《划分高等师范学区案》，拟在全国划分六个高等师范学区，在北京、南京、武昌、广州、成都、沈阳各设高等师范学校一所。

全国临时教育会议提出在南京建立大学和高等师范学校的设想后，江苏主政者曾试图复办两江优级师范学堂或在“两江”校址开办高等师范学校，但因经费问题未能落实。江苏省民政长韩国钧接到“两江”保管员李承颐关于学校损毁的报告后，于1914年1月5日下令江苏省教育司会同警察总厅封锁两江优级师范学堂，以备后用。

1914年7月15日，韩国钧曾“委任江谦为两江优级师范学堂校长，筹办开学”，但未能落实。8月，江苏省立第二师范学校校长贾丰臻等省内各公立学校校长，致函江苏省巡按使公署，提出南京光复后，中等学校教员大为缺乏，请求设立高等师范学校。8月30日，韩国钧对上述建议做出批复：“由省委派校长，先行筹办”，定校名为“南京高等师范学校”；同时成立“筹办事务所”(后称筹备处)，务必于当年“筹备完竣，以便定期开学”。随即饬令“委江谦为南京高等师范学校校长”。

南京高等师范学校首任校长江谦

江谦(1876—1942)，字易园，号阳复居士，徽州婺源人。早年受业于南京文正书院，得到曾任该书院山长的张謇赏识。1902年，经户部右侍郎李昭炜保举，获经济特科。后受张謇邀请，担任通州师范学堂堂长。辛亥革命前，曾任安徽省咨议局议员和京都资政院议员。1912—1914年，先后任安徽省议会副议长、国民政府众议院议员和江苏省教育司司长。他在任通州师范学堂堂长时，本着知行合一精神，以“能耕能学”为训，矫正空谈时弊，弘扬务实精神，倡导俭朴学风，办学成绩卓著，培养了一批德才兼备的学生。

1915年1月上旬，江谦来到南京，1月17日聘请留学美国、专攻教育的郭秉文博士为教务主任，聘请留美教育学士陈容为学监(后任学监主任)。同时聘请教育部视学袁希涛、江苏省教育会正副会长沈恩孚和黄炎培为南京高等师范学校“评议员”。

18日，江谦等人进见江苏巡按使韩国钧，汇报查勘情况。1月29日，江谦等人迁入旧日校舍改设的筹备处办事。2月15日，校内驻军接到了江苏巡按使公署要求其迁出的命令，并于5月6日迁移他处。5月13日，南高筹备委员胡昌涛和保管员李承颐向省公署报告接收办理情况：校中仅存各种器具664件，标本仪器则已荡然无存，书籍虽尚留一二，但均系残帙，校舍有192间彻底焚毁，其余的也都是门窗尽毁，不蔽风雨。随后，省巡按使公署先期支付开办经费5万元，筹备处量力而行，先对居中的大楼及口字房进行修葺。8月，筹备处修好房屋670多间，耗资5万余元，同时又购买了部分必备的课桌仪器等。到1915年夏，南高师筹备工作基本完成。

1915年6月，南高师筹备处制定了《南京高等师范学校简章》，同年8月制定了《南京高等师范学校招考简章》，并于8月11日正式招生，与北京高师、成都高师、武昌高师和广州高师一起，成为我国最早一批创办的高等师范学校。

南京高等师范学校开办之初，教职员甚少，只有30人左右。1915年8月第一年招生时，设有国文、理化两部预科各1班，国文专修科1班，每班计划招收40人。两部预科考试科目有国文、英文、数学、历史、地理、理化、博物等，国文专修科考试科目则在上述7门科目上另加教育1科。

考生分别来自江苏、安徽、浙江、江西、广东、四川、贵州等省，共534人，最后录取126人，实到110人。9月10日，南高师正式开学。当年南高师的学生、著名学者胡焕庸在回忆文章中提道：“这个学校免收学费膳宿费，但入学考试竞争十分激烈，大约十个考生才能考取一个。”

立志教育选南高

郭秉文完成博士学业后旋即回国。虽然受聘南高师，但当时南高师的各项筹备工作尚未全面展开，所以郭秉文回国以后，先在商务印书馆做了一段时间的编辑工作。

对郭秉文而言，回国任职有着多种选择，例如，他可以在商务印书馆从事编辑工作，因为商务印书馆创始人夏瑞芳和鲍氏兄弟以及其他骨干成员多毕业于清心书院，与郭秉文有校友之谊，而郭、鲍两家还有着姻亲关系(郭秉文夫人鲍翠凤乃鲍氏兄弟的妹妹)。对商务印书馆而言，他们也急需像郭秉文这样具有高深学问的人才相助。比如，

商务印书馆的姻亲，1915年Albino Sycip和Helen Bau的婚礼（方框内为郭秉文和首任妻子鲍翠凤）

1923年，郭秉文任东南大学校长期间，还兼任商务印书馆总编辑，编译出版了《英汉双解韦氏大学字典》①，这是中国学术界、文化界的重要成就。

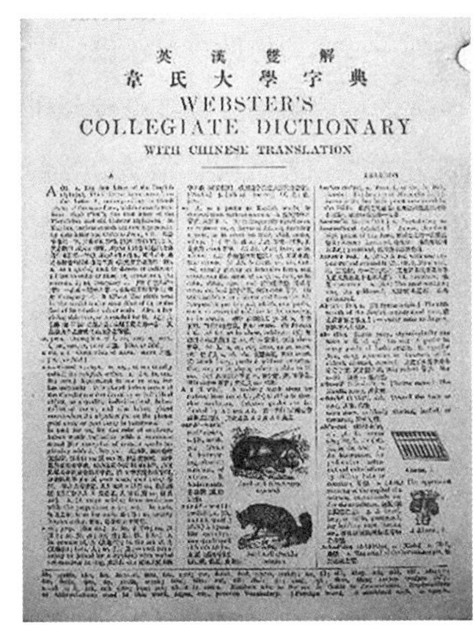
英漢雙解
韋氏大學字典
WEBSTER'S
COLLEGIATE DICTIONARY
WITH CHINESE TRANSLATION

1923年上海商务印书馆出版的《英汉双解韦氏大学字典》

再者，郭秉文还可以到海关或金融部门就职，因为他从清心书院毕业后，就有海关工作的经历。而事实上，20世纪30年代，他就曾担任中国海关税务局总税务司司长和上海信托公司总经理。

郭秉文选择教职，这是他坚持弃理从文以来顺理成章的选择，可以说，以所学教育理论用于教育实践，是郭秉文接受南高师聘请的重要原因。但更深层次的原因还来自他对教育重要性的认识。因为他曾在论述学校育人时提出，必须“三育并举”，要“养成应用能力”，“必使所学者皆有所用，所用者皆本所学”。

同时，也唯有如此，才能实现博士论文中提出的教育改革的设想。他在博士论文中

① 《英汉双解韦氏大学字典》是1923年上海商务印书馆出版的图书，作者是郭秉文、张世鎏。此书商务历时五年始成，美商米林公司控告商务印书馆印行《英汉双解韦氏大学字典》侵犯版权，上海公共租界会审公廨判决：“原告既不能提出充分证据，证明其在中美两国境内获有版权，本公堂自应驳回不理；但原告书面所列之字及花样，虽未当堂提出注册证据，然既经使用多年，被告之说明书内似不应疏忽刊用，应判令被告不得将前项说明书再行散布，并不得将说明书内类同原告所有图记用于所印各种字典，所有此项版模及印成未曾散布之说明书，一并销毁；原告因被告散布之说明书内所刊图样与其字典上商标类似，于营业上不无损害，着被告赔偿银一千五百两，前次所发之临时禁谕‘按指暂不出售该字典’应予注销。”经判决驳回，该书照常发售。

曾专门论述“教育与国民进步”的关系，认为“与国民进步最有关系者乃教育也”。同时，他认为，要在中国进行教育改革，“非但需最高之教育技能，且必以热诚、博爱与公心以赴之”。

此后，郭秉文鼎力协助校长江谦，推进南京高等师范学校的办学，并在短短的几年间产生了较大的社会影响。在维修校舍和做好其他物质准备的同时，郭秉文利用空隙时间，到国内外考察教育情况，借鉴办学经验。1915年4月16日，郭秉文和学监主任陈容一同赴济南、天津、保定、北京参观教育情况，5月29日返校。6月11日，又与陈容赴日本考察教育情况，7月12日返校。

这一时期，也有不少教育会议邀请郭秉文进行讲演，如1915年8月31日《申报》第6版报道，江苏省教育会当日下午4时举行讲演会，到会约500人，由前司法总长王宠惠博士和南京高等师范学校教务主任郭秉文讲演。郭秉文所讲题目是《吾国教育行政之缺点》。郭秉文论述了当时国内教育行政的三项缺点：一是“无教育标准”；二是“无地方自动的能力”；三是“无通力合作之方针”。郭秉文认为：“故吾人于社会须有养成自动能力之觉悟，并促进学校与社会同负教育改进之责，与国家通力合作，以为补救，而调查教育各段事情，藉作确立我国教育之标准，尤为急务也。”

受任校长推改革

郭秉文担任南高师教务主任之后，一直以热诚、博爱与公心协助江谦校长处理校务。江谦为耆德硕儒，国学根基深厚，而郭秉文通晓中西，时称“新学巨子”，两人相辅相成、相得益彰，配合得也默契。1918年3月21日，江谦因病休养，经教育总长傅增湘批准，由郭秉文代理校长。1919年9月1日，教育部正式委任郭秉文为南高师的校长。

郭秉文正式接任校长之后，1919年10月4日聘请哥伦比亚大学师范学院毕业的校友陶行知为教务主任，以接替自己原来的工作。11月1日，学监主任陈容辞职，郭秉文即改聘刘伯明继任。南高师开办之初，由于学科不多，师生较少，所以全校行政事务主要由总务处统一管理。随着办学规模逐渐扩大，郭秉文接任校长后，为了促进学校管理体制的制度化、民主化，他借鉴美国大学管理模式，对学校的组织制度进行了较大的改革。

第一，设立各种专门委员会。为了充分发挥教职员的积极性，南高师根据教职员的专长，组成各种专门委员会，负责处理某一方面的具体工作。这种委员会有常设的，也有临时的。郭秉文几乎把全校的各种事务都分配给各委员会处理。这种让教职员参与学校管理的方式，更好地体现了分层负责和分工管理原则。

> 如1919年时，南高师的常设委员会有：学校组织系统委员会、学生自治委员会、运动委员会、游艺委员会、图书委员会、出版委员会、办事方法研究委员会、校舍建筑委员会、校景布置委员会。
>
> 临时委员会则有：暑期学校研究委员会、工读协助研究委员会、教课限度研究委员会、招收女生研究委员会、改良考试委员会、校内给水改良委员会、电灯改良委员会、制定校徽委员会、一览编制委员会、编制本学年历委员会、议事简则起草委员会、经济委员会。

各委员会设主任一人，由校长在各委员会中聘任，负责将各委员会做出的决议案报告校务会议核议或交校长分别执行，例如，张子高、刘伯明、饶水斯、邹秉文、李仲霞、张士一、胡先骕、陶行知、陈鹤琴、杨杏佛等曾经担任一个或多个委员会的主任。在这些专门委员会中担任委员的多是知名教授，还有不少人实际上担任多个专门委员会的委员。为使各专门委员会开展实质性的工作，不致流于虚名，在郭秉文主持下还制定了《南京高等师范学校各委员会通则》。

广设委员会，体现了郭秉文集思广益和民主决策的院校管理理念。这些委员会在学校管理中所起作用并不相同，有的可能设置过滥，也有的难免流于形式，但总的说来，这些专门委员会的设立无疑推进了学校管理的分权化和民主化。“五四”以后的南高师之所以能脱颖而出成为全国著名的大学，与郭秉文校长的领导和全校教职员的共同努力密不可分。

第二，撤销学监处。随着学校规模的扩大，校务日益繁杂，根据工作需要，1920年1月，郭秉文对学校行政系统进行了调整，新设校长办公处取代原有的总务处统筹学校行政事务，郭秉文兼任主任，刘伯明任副主任。主任因公务外出期间，由副主任代行其职务，另设有文牍1人、事务员若干人。

除更改总务处以外，郭秉文还对原总务处下设的教务处、斋务处、庶务处也进行了调整，将斋务处和庶务处合并为事务处。由于已有刘伯明、陶行知、李仲霞、柳诒徵、张子高组成的学生自治委员会给予学生自治必要的辅导，同时，也为了提倡学生自治，因而撤销了学监处，改设训育处。新的学校行政系统变成了校长办公处为统领的教务处、事务处、训育处。

改学监处而成立训育处一事，郭秉文还专门致函教育部，详细陈述改设之理由。报告说：

> 秉文蒙接任校事，集合全校职教员，开校务会议，共同讨论，觉历年经验所得，按诸实施情形，对于暂行规程似不能不稍有变通之处。查规程载，高师全部组织分教务、学监、庶务三处。学监处掌学生之训育及管理，关系一校风纪至重，惟以数百学生之德行全赖一二人负督察辅导之责，心劳力疲，而其效亦甚浅薄，故训育之责似宜为全校教职员人人所共负，然后接触既多，耳目亦广，随时随地均有示范之机会，需以时日潜移默化之效，庶几可期。且高师学生大都成人之年，其入校以前粗有办事经历者，亦复不少，似宜有学生自治会之设，以练习其自治之能力，又虑其轶轨也，则由校选派教职员组织委员会以辅导之。是以学监一职，既有全校教职员分其责，复有学生自治委员会代其任，则其名似未可虚设。此本校拟去学监名目之理由也。

郭秉文撤销学监处，是打破常规之举。辛亥革命虽然推翻了封建帝制，但封建教育思想并未清除。袁世凯在1915年复辟帝制前后，极力推翻民国初年的教育改革主张，试图恢复封建教育制度。1913年，他下令学校恢复祀孔典礼；颁布《注重德育整饬学风令》，其中强调“学生在校最重服从，洹可任其嚣张败坏规则”，“凡关于教育行政，一以整齐严肃为主”。

1915年2月颁布《特定教育纲要》，其中规定：“各学校均应崇奉古圣贤以为师法，宜尊孔以端其基，尚孟以致其用。”由于强调尊孔读经，学校对学生的控制也日益加强。1916年6月，袁世凯在帝制倒台后去世，尊孔读经废止，但学校必须“监管”学生的思想还占据主流地位。虽然郭秉文称撤销学监处只是对《高等师范学校规程》的“稍有变通”，其实是需要胆略的改革。

第三，建立校务会议制度。郭秉文对学校行政系统改造的同时，还建立了校务会议制度，明确了学校管理的最高权力部门。为了更好地集思广益和民主决策，凡学校重要事务，郭秉文要求都要提交校务会议讨论决定。南高师的校务会议，实际上就是学校的立法机构或者说是学校的最终决策机构，因为它所做出的一切决议经由校长批准后，即由学校行政部门付诸实施。

校务会议成员除校长为会议主席之外，由每处、部、科和附中、附小各两名代表组成，其中一名为各部门主任，另一名由各部门选举产生。可见校务会议既具有权威性，又有一定的群众基础。校务会议议事范围主要有全校或部科计划、经济预算、部科的增减、课程的编制、招生与毕业等事项。

郭秉文在南高师推行的行政组织改革具有开创意义，其改革思想的提出既受美国留学教育的影响，也受到了国内五四运动的影响。他根据中国的实际情况把欧美大学的办学理念在南高师付诸实践，推进了学校管理的科学化、民主化。

1920年6月26日，郭秉文再呈《南京高等师范学校内部组织试行简章》于教育部，得到教育部的答复："呈悉。查该校所拟内部组织试行简章大致尚妥，应准备案，仰即知照。此令。"由此也可以看出，郭秉文对南高师围绕组织机构与高校制度的一系列改革也得到教育部的肯定。

此外，南高师的组织机构在这一时期也有增加。为适应学生实习的需要，1917年春筹建附中（即今南京师范大学附中），于同年9月开学，教职员多由南高师教职员兼任，借用南高师校舍。1919年建成附中一院，1922年建成附中二院，直接由南高师教育科管理。1916年秋筹建附小（即今南京师范大学附小），1917年2月开学，也由南高师教育科管理。

除了学校行政机构的改革以外，郭秉文在南高师还对学科结构和系所做了改革。其核心观点为因社会需要设科，寓师范教育与实科教育于一体。南高师创始之初，担任教务主任的郭秉文就强调以"根据智育标准"和"适应社会需要"作为"设科主旨"，并认为社会需要随时变更，所设之"科"也应与时俱进，所以学校的学科结构并未囿于师范学校的框架，一直处于拓展之中。

郭秉文《关于本校概况报告书》提到，1915年开办之初，"鉴于国文、理化教法应改良"，南京高等师范学校首先设立国文、理化两部，并设立国文专修科，"期速改良之效"。

"鉴于人民生产力薄弱，而一般毕业学生又缺乏职业的知识技能，解决之法惟有提倡职业教育"，同时也由于第一次世界大战期间，西方列强无暇东顾，给我国民族工业

南京高等师范学校首届体育专修科毕业纪念全体摄影

图片说明：1915年，南高师第一次招收体育专修科学生，在国内高校中也属首例。

的发展创造了机会。此时，社会急需工业人才。为培养有关师资，1916年秋季，南高师增设工艺专修科，开始着眼于职业教育，教学内容也较为宽泛。因为“要发达中国工业，非得培养专门人才不可”，于是改变原定职业教育计划，注重于专门机械工程的教育，“建设工厂，购办仪器，添聘欧美工学专家，讲行高深工学的训练及研究”。

1918年，南高师在续招农、商、体育专修科外，“鉴于教育一科缺乏专才”，以及“近世由于生物学、心理学、社会学、哲学之进步，教育已成一种专门科学，非造就此种专门人才不足以促教育进步”，再添设教育专修科，“志在养成教育学教员及学校教育行政人才”，并促进师资素质的提高和教育质量的改进。

在这一思想指导下，郭秉文对南高师的院系做了调整。1920年1月，郭秉文将南高的国文史地部和数学理化部合建成文理科，下设8系，即国文、英文、哲学、历史、数学、物理、化学和地学，再加上原来的6科，即体育专修科（1915年创设）、工艺专修科（1916年添设）、英文专修科（1917年添设）、农业专修科（1917年添设）、商业专修科（1917年添设）、教育专修科（1918年添设）和新增加的2科——文理专修科和国

南京高等师范学校教育科学生送别国际友人摄影（1920年3月）

文专修科，共有8系8科。因此，实际上南高师的科系设置已经突破了高等师范院校的界限，具备了综合大学的雏形，为日后创设东南大学奠定了良好的基础。

男女同校改教学

郭秉文之前就曾提出“中国今日之所需者为高等师范学校之改良”，在时代潮流的推动下，在陶行知和刘伯明的协助下，南高师在招考制度、高校教学、社会服务方面进行了一系列改革。由于政策的延续性，所以有的改革还延伸到了日后的国立东南大学时期；有的改革，如开“女禁”更是开了国立高校的先河，也使得南高师的影响在全国日益扩大，为其向综合大学发展奠定了坚实的基础。其间，郭秉文在南高师实施的教学改革，获得了哥大校友、自己的小师弟陶行知的鼎力相助。1918年3月，陶行知受聘为代理教务主任后，应用统计学方法重新设计课程总表，全校上下对其顿生好感。1919年10

月任教务主任后，由于办事认真、要求严格，陶行知被同学们称为“老虎教务长”。

第一，实施招生改革，实现男女同校。

晚清以来，女子教育问题受到社会关注，报刊上也有过讨论。“五四”之前，中国的高等学校，除个别私立大学（包括教会大学）外，大都仅招男生而不招女生。教育史上称此现象为“女禁”。民国以来，男女同校仍然是教育的“禁区”。经历了五四运动的洗礼，教育界开始积极关注女子教育问题，蔡元培发表演讲呼吁男女教育平等，胡适撰文讨论大学开“女禁”的问题，南高师的学者也主张高校放开“女禁”。

郭秉文留美就读的伍斯特学院就是男女同校的高校，所以他也提倡男女同校学习。郭秉文就任校长后，一个开创性的改革举动就是支持陶行知提出的开“女禁”建议，提倡男女同校学习。1919年12月7日，陶行知在第十次校务会议上指出，中国女子高等教育最不发达，南高师有宜于女子的课程，可否允许其旁听。与会的郭秉文、刘伯明、陆志韦等均表示支持此提案。1920年4月21日，陶行知又在第十一次校务会议上提出“学生有应试资格来校应试者，苟能及格，不论男女均可录取”，随后南高师决定自1920年夏起正式招收女生。

南高师开“女禁”的消息在社会上引起了极大的反响，张謇、江谦等人表示反对，但是也获得黄炎培等人的支持。面对社会的流言蜚语和各种阻力，郭秉文、陶行知等人通过与蔡元培、蒋梦麟、胡适等人商议，决定南北联合行动，壮大声势，开放“女禁”。

北京大学在1920年春季学期招收了9名女大学生，但因招生考期已过，这些学生只好以“旁听生”的身份就读于北大。1920年春季学期南高师也招收了女子旁听生。1920年夏，南高师继续按计划执行，以男女同样的标准招收女生。

南京高等师范学校首批八位女大学生

第一年投考南高师的女生百余人，多半是在各省女中或师范任职多年的教师，正式录取八人。这八位女生是：李今英（后为梅光迪夫人）、陈梅保、黄叔班、曹美恩、吴淑贞（后为胡适侄媳）、韩明夷、倪亮（南京女师毕业）、张佩英（张蓓蘅）。其中七人是教会学校出身，另一人毕业于南京女师。

此外，在贵州、四川、察哈尔三处的特别生中招收女生20人，同年还招收了50余名女旁听生，从而使南高师成为中国国立高等学府中首个正式招收女学生的学校。为方便对女生的管理，学校还设有女生指导员两人，专门负责“女生教科、膳宿之接洽照料等事”。是年，北大招收女生一名和几名旁听女生。

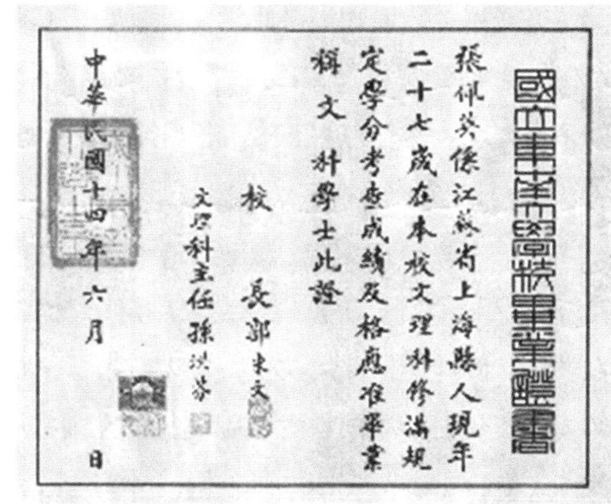

國立東南大學畢業證書

張佩英係江蘇省上海縣人現年二十七歲在本校文理科修滿規定學分考查成績及格應准畢業稱文科學士此證

校長郭秉文

文理科主任孫洪芬

中華民國十四年六月 日

郭秉文签发的张佩英的毕业证书

图片说明：“张佩英系江苏省上海县人，现年二十七岁，在本校文理科修满规定学分，考查成绩及格应准毕业。称文科学士。此证。”时任校长郭秉文和文理科主任孙洪芬均在证书上留下印迹，时间落款为中华民国十四年六月，也就是1925年6月。

这八位女生，当时被学校视为重点保护对象，专门配备了“女舍监”负责管理她们，还出台了一系列特殊规定，包括：“男女学生不准串门”“所有女生须于下午七点半之前返校”“女生可在宿舍里的公共会客室会见来访的人，但每晚不能超过七点半钟”“女生会客时不得关闭门窗”等。

正值花季的青年才俊交往异性朋友的热情，终究还是挡不住的，严格的监管最终也“没有压制住爱情之花”：八位女生中的李今英，后来和南高师英文系主任梅光迪结婚，1949年后去美国任教；黄叔班与同学王克仁结婚，王克仁后任贵阳师范学院院长，黄叔班也随丈夫回贵阳任教；吴淑贞与同班同学、胡适之侄胡照祖结婚，胡照祖后任北京社会局局长，吴淑贞1949年去了台湾；倪亮与同学吴俊升结婚，吴俊升后来成为一位著名的教育学家。其他几位女毕业生的情况是：陈梅保后回香港母校任职；曹美恩留美；韩明夷毕业后任苏州女师副校长，以后陈鹤琴先生聘她在上海任工部局女中校长，1949年去了香港，因飞机失事遇难；张佩英也终身任教，曾任上海市清心女中和南洋模范中学英文、生物教师，时间长达四十年。总体来看，最初的这八位女毕业生，后来大多从事教育事业。

就这样，近代中国高等教育中的“女禁”终于被打破，男女生得以在同一大学中学习，男女平等接受教育的思想赢得胜利。此举推进了教育的民主化，揭开了中国高等教育史新的一页。当时，国务总理熊希龄曾来校考察，对此深表赞赏。

美国克兰公使夫人来华游历，参观南高师、东大，目睹首届男女同学的学习和生活情况，大为赞赏，后来还委托杜威来函祝贺，并“特捐银4000元（一说2000元），资助东南大学女学生学额2名、高等师范女生学额10名，两校合办之暑期学校女生学额20名，以为提倡女子高等教育之助”。

1921年夏，作为国立东南大学分校的上海商科大学建设方案由教育部正式授权，9月28日召开的第一次董事会会议决定，该学院第一期入学人数为294人，其中包括10名女学生。如此，招收的女生共86人，占了全校总人数1041人的8.2%。1962年，南京大学60周年校庆时，中国科学院副院长、南高师—东大的教授竺可桢题词如下：东南学府，为国之光。男女同校，惟此首创。外御强敌，内抑豺狼。天下有道，黉宇乃昌。

第二，推行选科制，倡导“教学法”。

学分制建立在分专业教学的基础之上，其实在两江优级师范学堂时期，已经开办“分类科”之“选科”，为日后的学分制奠定了基础。1907年10月，两江师范开设优级本科之“分类科”。所谓“分类科”，就是在完成“公共科”学习之后进行的分学科的专业教育，其专业性加强、程度提高，因而不同于初级本科的“完全科”。两江师范开设了理化数学部、农学博物部和图画手工等三个“选科”，学制二年。从单一模式的教育到分科分类的教育，这体现了专业性；从分科教育再到专业学分制的改革，这体现了国内高等教育的与时俱进。

民国初年，各高校普遍实行“学年制”，即学生在修业期限内修满规定的全部课程才能毕业。南高师办学初期也采取这种办法，实行学年考试，60分或以上升级，60分以下留级。但是，在办学中发现这种方式不利于因材施教，所以1919年，校务会议通过《改良课程案》，决定自1920年9月开始实行选科制。

> （一）本校适用选科制，但须含下列四项之要素：
>
> 1.学生所习学程，一部分为必修，一部分为任选；
>
> 2.一科之学生可以选择他科之学程；
>
> 3.学生成绩以学分计算；
>
> 4.学程之统附以学科为根据。
>
> 附注：学科者，如国文、英文之类；学程者，如英文中之作文文法，国文中之字形学、字音学之类。

（二）学生所习学程，有属于主科者，有属于旁科者，此两种内容分必修及任选两种。各种分量按各种情形而定。

（三）各学程之内容，大纲应行规定，至于教科书或参考书应否写出，可按学程性质分别规定。

（四）每学程每周上课钟点均须注明。

（五）凡某学程与某学程有连带关系者，须注明学习之次第。

（六）每周上课及自修合三小时，历半年者为1学分。每学生每学期以学习15学分为标准，若遇特别情形，可减少至12学分，可加至20学分。满120学分者毕业，惟各科认有加增毕业学分者，得另行改订。

（七）学生学习学分之多寡，第一学期以15学分为标准，第二学期以后须参考上学期之成绩而定。

（八）各班应否规定最多人数及最少人数，须视教员经济设备与学程之性质而定。

（九）本校选科制至早于民国九年9月实行。

选科制即今日之学分制，与今日高校实行的学分制有所不同的是，南高师规定每周上课及自修合三小时，历时一个学期方获得一学分。这种做法在今天看来，非常可取。当下各高校毕业学分普遍要求过高，一味地增加课程，而没有留足自修及小组学习的时间，并不能带来教学质量的提升。1941年梅贻琦在主持西南联大常务工作期间发表的《大学一解》也提出同样的问题。

今日之青年，一则因时间之不足，再则因空间之缺乏，乃至数年之间，竟不能如绵蛮黄鸟之得一丘隅以为休止。休止之时地既不可得，又遑论定、静、安、虑、得之五步功夫耶？此深可虑而当亟为之计者也。

南高师选科制在1920年9月正式实行。由于南高师拥有许多留学海外且学有专长的教师，所以开出了许多新颖的课程，深受学生欢迎，如有的学生主修理科，兼修工科，毕业后工作左右逢源，受到社会好评。对教师而言，选修则要求其不断改进教学，提高教学水平。实施这一制度，不仅有利于学生志趣和才智的发展，也带动了教学的改革和教学水平提高，所以后来也被其他高校采用或借鉴。

民国初年，国内学校仍使用“教授法”的提法，但接受了杜威“以学生为中心”观念的陶行知对此却提出了批评的意见，认为先生只管教，学生只管学，学校成了教、学分离的“教校”，教师的知识再多也无法满足学生走上社会的需要，再优秀的学生也难以超过教授的知识量。1918年5月，他在《师范生应有之观念》的讲演中强调学校教育应以学生为中心。后来，他又在教务会议上提出以“教学法”代替“教授法”，遭到部分教师的激烈反对，认为这纯属“标新立异”“哗众取宠”，辩论了两小时，终究未能通过。

事后，陶行知通过发表文章，批判教学分离、重教太过的流弊，进一步阐述自己的观点。1919年2月24日，陶行知发表《教学合一》的文章，认为，教师的责任不光在教书，而是在教学，应当将重点放在教学生学，“教的法子必须根据学的法子”“做先生的，应该一面教一面学”。

经过坚持不懈的努力，陶行知的主张逐渐得到了教育界的响应，苏州师范学校首先赞成并采用了教学法。五四运动兴起后，部分教师的观念发生了转变，也无暇顾及此事。在郭秉文的支持下，陶行知将南高师全部课程中的“教授法”改为“教学法”，而“教学法”的概念也被一直沿用至今。“教授法”与“教学法”虽然只有一字之差，却反映了从以教师为中心向以学生为中心的教育思想的根本转变，为改革中国教育迈出了重要的一步。

第三，开办暑期学校，服务社会需要。

南高师—东大办学的一个显著特点是面向社会，让大学成为推动社会进步的“服务站”。“五四”以后，中国现代教育发展很快，但师资力量十分薄弱，如果仅凭现有学校及其师资水平，必将影响国民素质的提升，所以在1920年前后，全国兴起开办暑期学校的热潮，借以培训各类教师和教育行政管理人员。

其实，郭秉文在《中国教育制度沿革史》中提到，“夏季学校”等“于教员之养成裨益匪浅”。另外，1915年陶行知曾经在美国伊利诺伊大学“夏学期”接受过“暑期教育”，使他初步掌握了美国高校教育学科的基本知识。早期理念、经验与现实需要的结合，促使郭、陶二人很快将“举办暑期学校”的想法付诸实践。

具体负责暑期学校工作和对开办暑期学校“倡导最力”的是教务主任陶行知，他提出所以要开办暑期学校有四个方面的考虑。

首先，想通过教育来改造社会，“用四通八达的教育来创造一个四通八达的社会”，沟通高等教育与中等教育、初等教育的联系，沟通大学与社会的联系，使大学更好地推广教育，服务于社会。

其次，是要增加南高师师生社会实践的机会，在实践中广泛吸取营养和智慧。陶行知认为，暑期学校学员来自四面八方，各有专知，皆有所长，如果说教师自己的教育实践是“亲知”——根本，那么，从学员、他人处学得的知识便是“闻知”——接枝，“亲知”加“闻知”，犹如根枝相接，硕果自成。

再次，可以充分利用大学的师资、校舍和设备，“一地两校”“一师两教”“一室双用”，经济而又有实效，体现了“办学而最合于经济学理者也”。

最后，满足社会对高质量的教师和行政人员的需求。因为当时全国各地的师资和行政官员素质不够理想，“知识都嫌不足，经验也缺”，还有很多“科举出身的教师”，他们“既在那里实施教育，自有受训练的必要”。

1920年7月12日至8月20日，南高师在全国率先开办了暑期学校。学生总数1041人，来自17个省份，年龄最大者59岁，最小者16岁。其中有大学、专科、中专毕业生，也有中学毕业生和私塾先生以及各类学校的教学及行政管理人员。暑期学校根据学员的文化程度及工作需要，分为小学、中学、大学等不同等级和国语、体育、职业教育、特殊课程等不同课程的班级，开出课程共39门。陶行知自始至终主持了第一期暑期学校，由于学员中有86位女生，为此他还专门给予这些首开男女同校之禁的学子以特殊照顾。

任教者均是南高师杰出的教师，有朱进之、廖世承、刘伯明、张士一、陆志韦、陈鹤琴、杨杏佛、王伯秋、何鲁、卢颂恩、张信孚等，并聘请了北京大学教授胡适、陈衡哲和当时在南开大学不久即来南高师的梅光迪等；另外，邀请中外学者17人在正课之外给学生开办学术讲座，并举办了农业展览会、卫生展览会、博物展览会、初等教育展览会和职业教育展览会。

著名词学家夏承焘在一篇文章中提到，20岁那年，“南京高等师范学校开办暑假学校，我和几位同学前往旁听，如胡适之、郭秉文等新学巨子，当时都亲自为暑假学校开课。一个多月里，听了胡适《古代哲学史》《白话文法》，梅光迪《近世欧美文学趋势》以及其他许多新课程，大开眼界”。

《吴宓自编年谱》记载，1922年，吴宓刚到东南大学任教，就被邀请讲课：“东南大学本开暑期学校，宓亦被邀，勉授二门课程。”同时，也邀请国内教育界、学术界著名人士来讲课或讲演，如梁启超、蔡元培、蒋梦麟、晏阳初、黄炎培、舒新城等。在华讲学的美国哲学家杜威，也被邀请在暑期学校讲过课。

由于陶行知的周到安排，尤其对每门课程的斟酌审定，这期暑校办得相当成功，收到了极好的成效，不仅"甫经创办而四方来学者即踊跃异常"，而且不到一年，各地都开始效仿这一教育推广的做法。次年，南高师改组为东大，继续举办暑期学校，并特地邀请美国的杜威、孟禄、推士，德国的杜里舒，国内的梁启超、胡适、张君劢等人前来讲学。

黄伯易在《忆东南大学讲学时期的梁启超》一文中，对这次暑期学校的情况作了以下描述：

他们仿照美国哥伦比亚大学，筹办暑期学校，事前在京、津、沪、汉的报纸登了广告。其简章规定，凡大学生来暑期学校肄业的，每人可选八个学分的课程，由东南大学发给修业证明。这个暑期学校的学生和旁听生，不下2000余人。学生来自全国，只缺内蒙古、新疆、西藏。还有两名来自朝鲜。

1920—1923年，南高师—东大连续四年举办暑期学校，1921年第二期正式学员为950人，1922年第三期共931人，1923年第四期计893人。南高师—东大所办的暑期学校，时间长、规模大、师资强、影响广。1923年，陶行知负责中华教育改进社事务以后，又将暑期学校的经验引入了改进社，该社1923年的工作计划中就有"暑假期内举行科学教育演讲会"的安排。1924年，由于直奉第二次战争爆发，政局动荡，南高师—东大的暑期学校难以续办，同期全国的暑期学校亦走向低潮。

秉文行知齐勠力

郭秉文与陶行知是民国时期教育家的代表，也是民国教育史上的风云人物。他们年龄相差不多，经历十分相似，早年在教会学校求学，日后赴美国留学，转读教育学专业，先后在哥伦比亚大学师范学院攻读博士学位，且深受杜威实用主义的影响。陶行知1917年9月入职南京高等师范学校，1923年8月请辞东南大学职务，六年间，郭、陶两人以"教育救国"为使命，在南高师—东大校园内外开展了密切的教育合作，共同推进着中国教育现代化的进程，其精神、业绩、风范至今依然值得我们学习与借鉴。

其一，郭秉文与陶行知的人生交集。

陶行知先生

陶行知（1891—1946），原名文浚，字世昌，安徽歙县人。他与郭秉文早年的经历非常相似。首先，都曾在教会学校读书，有一定的宗教情结。郭秉文毕业于上海清心书院，陶行知早年在歙县崇一学堂、南京汇文书院学习，后毕业于金陵大学。

其次，都赴美留学并改读教育学专业，博士导师同为斯垂耶。陶行知1915年获伊利诺伊州立大学政治学硕士学位，后转而攻读哥大教育学博士，师从斯垂耶，攻读博士期间返回中国。

最后，归国后都投身高教事业，彼此支持。郭秉文1914年秋归国，1915年1月江谦聘其为南京高等师范学校教务主任，陶行知1917年8月归国，9月受郭秉文邀请到南高师任教。郭秉文不仅是陶行知的校友、学长，还是他的上司。1918年郭秉文出任南高师代理校长，陶行知出任代理教务主任；1919年郭秉文任校长，陶行知任教务主任。1921年郭秉文任国立东南大学首任校长，陶行知又兼任东大教务主任。有一点不同的是，在南高师—东大期间，郭秉文主要负责教育行政事务，并未授课，而陶行知则先后主讲过教育学、教育哲学等多门课程。

黄炎培先生

陶行知与郭秉文何时第一次见面，目前尚未发现明确的日期。余子侠教授认为，1916年郭秉文赴美替南高师延揽人才，曾与陶行知有过会面，两人还一道参加过留美中国学生联合会组织的讲演活动。实际上此次见面之前，二人通过其他渠道对彼此已经有所了解。

1914年8月郭秉文回国，但具体日期不详，8月15日陶行知从上海赴美留学，一位是归国博士，一位是出洋学子，此时他们彼此见面，相互了解的概率几乎为零。1914年9月，随着陶行知通过旧金山进入美国，他对郭秉文的了解开始日益增多，比如，通过留美学生会等途径，郭秉文作为刚刚离开的留美学生领袖人物的大名势必会迅速为陶行知所知晓，更何况一年以后，他来到了哥伦比亚大学，就读于同一位导师斯垂耶门下。

1914年郭秉文归国后，最有可能向他推荐陶行知的当属当时江苏教育会副会长黄炎培，因为1915年黄炎培赴美考察开启了与陶行知的深度交往，而且南高师初创也急需人才。其实，郭秉文与黄炎培的相知要早于陶行知，但是他们的初次见面则晚于陶行知。1913年10月，江苏教育司派俞子夷赴美，会同郭秉文、陈容两位留学生考察美国小学、师范教育，时任教育司司长为黄炎培。这次考察使郭秉文与江苏教育界人士黄炎培等建立了联系。回国不久，江苏教育会就邀请郭秉文介绍美国教育情况。1916年郭秉文的博士论文《中国教育制度沿革史》由商务印书馆出版，除了孟禄的英文序言以外又添加了黄炎培的中文序言，可见，二人已经有了更为密切的交往。

另一方面，1914年6月22日，黄炎培参加金陵大学毕业典礼并颁发中文文凭，而陶行知作为优秀毕业生宣读了毕业论文，黄炎培向他面赠了自己编写的《金陵光》，自此二人相识。1915年4月黄炎培赴美国考察职业教育，并通过陶行知等人的帮助结识了杜威。此时陶行知因撰写毕业论文《中国教育哲学与新教育》缺乏资料而苦恼，故委托黄炎培为其搜集资料。1916年12月5日，黄炎培给陶行知寄送了江苏教育的有关资料，并附带书信一封，与其讨论职业教育问题。

其二，郭秉文与陶行知的校内合作。

郭秉文与陶行知在南高师—东大共事六年，他们精诚合作，配合默契，成就了南高师和东大的多项创举，从而为我国早期高等教育留下精彩的一页。虽然同为推行教育救国、教育改造社会，郭、陶两位的着力点却略有不同。

基于目前资料的分析，郭秉文选择教育专业，不在“教育”专业本身，而在于“教育改革”，因为教育改革可以牵动其他改革事业，所以郭秉文回国后主要是做教务主任，做大学校长，而非做教师，其主要精力放在了推动“教育改革”上，在校期间未曾任课，而是侧重于高校的办学与管理，晚年将其归结为“四个平衡”的办学宗旨。陶行知虽然也侧重于高校的教学与改革，与郭秉文关注的问题相比更为具体。在南高师—东大任教任职期间，除了授课，陶行知也以教育改革家的姿态，在教学、招生、社会服务等方面提出了新观点，得到了郭秉文的呼应，二人相互配合，推进了南高师—东大的发展。

除了前面提及的倡导“教学法”、实现男女同校、开办暑期学校以外，郭、陶作为留美学子，还都具有国际视野，如邀请国内外学者讲学、多方努力筹措办学经费等。

郭秉文办学中所强调的“国内与国外平衡”，既指教师的培养要国内外并举，还指师资来源国内与国际并重。郭秉文利用自己在海外学术界的人脉以及国内学术界的影响力，邀请杜威、孟禄、罗素、泰戈尔等国际知名学者来校访问、讲学，开阔了师生眼界，活跃了学术气氛，提升了学校知名度。

1919年，陶行知与郭秉文成为邀请杜威来华的发起人，其中陶行知是出力最多的人之一。1919年2月陶行知得知杜威在日本讲学的消息后，告知了将要到美国考察并途经日本的郭秉文。3月郭秉文赴日面见杜威，邀请其来华讲学，杜威欣然答应。因出国考察，郭秉文将接待杜威之事委托陶行知。杜威在给胡适的回信中提道：

> 郭秉文博士同陶履恭教授前日来看我，他们问我能否在中国住一年，做演讲的事。这个意思很动听，只要两边大学的方面商量妥帖了，我也愿意做。我觉得几个月的旅行实在看不出什么道理。要是能加上一年功夫，也许我能有点观察了。

1919年4月30日，南高师陶行知、北京大学胡适和江苏教育会蒋梦麟三人分别代表三个单位，前往上海码头迎接杜威及其家人。

杜威在中国游历和讲学的两年多时间内，陶行知与杜威接触甚多，其在南京及苏沪进行讲演和游历的活动多由陶行知负责安排，并担任部分讲演的翻译工作。从更大的范围来看，杜威、孟禄等人来华活动推动和促进了中国新教育事业的进步，对此，胡适评价说：“自从中国与西洋文化接触以来，没有一个外国学者在中国思想界的影响有杜威先生这样大的。”而对孟禄在华所为，陶行知认为，“此次博士来华，以科学的目光调查教育，以谋教育之改进，实为我国教育开一新纪元”。

郭秉文在创设东南大学之初就提出，办大学有赖于人才与经济。东南大学创立之初，由于学生主要来自苏浙皖赣四省，故办学经费由四省分摊，但浙皖赣三省拒绝支付经费，导致东南大学只好将分摊经费之事提交国务会议裁决。1922年10月30日，郭秉文致信兼任南高师—东大教务主任的陶行知暂缓离京，催办此事。

当时的内阁由王宠惠、顾维钧、汤尔和、罗钧任等人组成。为了让提案在国务会议上提出并通过，陶行知进行了多方努力。好在陶行知与内阁中的不少人打过交道，所以较为有信心。

11月2日，陶行知首先拜访了教育总长汤尔和，主要是为了打消他的顾虑。陶行知表示将提前疏通内阁成员，避免其他阁员反对汤的议案。汤尔和表示将从速提交内阁审议。

3日下午，陶行知来到财政总长罗钧任府上。在这次会谈中，陶行知反应灵活，针锋相对，当罗钧任问及学校是否国立等问题时，陶行知抓住机会指出："现在只有江苏一省出过钱，其余三省，还没有出钱。"其间，陶行知又略带一点威胁的口气谈及："我们是让学校关门呢，还是逼令此四省的父兄的代表人担负相当的责任呢？"当交谈中发现罗钧任对东南大学不太了解时，陶行知就讲述了东大的办学情况以及孟禄对东南大学的赞誉。最后又问道："先生看这样的情形，我们怎忍看他（它）关门？"罗钧任遂表示："等教育部来文时，我再设法。"

4日上午，为确保经费的落实，陶行知又专门拜见了署理国务总理王宠惠，王宠惠表示已经督办此事。随后国务会议向四省省长通告了经费分摊办法，财政部下发了催办经费的公文。

20世纪20年代国内高校普遍存在经费难以保障的问题。正是由于郭秉文等人的多方筹款，才使得东南大学本部和上海商科大学分部仍能照常上课，而无索薪事件发生，这已是当时国内大学办学的奇迹了。

其三，郭秉文与陶行知的校外合作。

除了校内合作以外，郭秉文与陶行知还通过著书立说，宣传新的教育思想，他们在校外的合作主要有两个方面：一是利用中华教育改进社，推进教育改革；二是利用世界教育会议的平台，宣传中国的教育实践。

1921年12月23日中华教育改进社成立。1922年2月，改进社在上海召开董事会会议，推举陶行知为主任干事。4月12日，改进社总事务所在北京正式成立。该社以"调查教育实况，研究教育学术，力谋教育改进"为宗旨。因董事会和董事长不驻会办公，所以该社的具体事务实际上主要由陶行知负责。此后，陶行知开始在南京、北京两地间往返奔波。

陶行知宣布中华教育改进社诞生时提出，教育革新运动须具开辟与试验精神。在他担任主任干事期间，主要开展了四个方面的工作：第一，从1922年至1925年，主持开展了一系列的教育调查工作，日后汇总为《中国教育之统计》；第二，聘请国内外教育家开展中国教育现状的研究，丰富中国的教育理论；第三，主持《新教育》《新教育评论》杂志，发表大量教育研究的文章并出版相关教育丛书；第四，大力开展平民教育、乡村教育等推广工作，而且每年主持召开中华教育改进社的年会，提交社务报告，发表专题演讲。

改进社成立之时，公推蔡元培、熊希龄、张伯苓等九人为董事，成立了董事会。郭秉文是九位董事之一，也是组织者和领导人之一。郭秉文多次参加该社的年会，参与有关中小学教育教学改革的各项重大决策，如参与制定与《壬戌学制》相配套的课程标准、研究确定中小学课程与教材改革方案等。

同时，郭秉文也利用这种双重身份，推进中华教育改进社与东南大学的合作，比如，1922年美国推士教授受中华教育改进社邀请来华进行科学教育调查和研究，东南大学就邀请推士到东南大学讲授相关课程，培训中学科学教员。随后，美国麦柯尔教授又来华指导中国教育测验运动，其中中华教育改进社和东南大学教育科在推动测验运动中贡献最大。

无论是郭秉文，还是陶行知，他们都具备融通中西的知识结构，西式教育培养了他们开阔的国际视野，儒家学说造就了他们强烈的民族责任感，所以他们能站在世界高度把握中国问题，推进教育改革与实践，另外他们也积极向世界推介中国教育的理论构建和实践活动，发出中国声音。

1922年3月，陶行知在获悉了一些国际教育会议的信息之后，发文批评国内对国际教育会议的重视不够，准备不足，导致夏威夷、菲律宾的会议无果。他认为："我们以后若再懒惰，不早些从事准备，那世界真要以为中国没有教育了。"

为了筹备参与1923年万国教育会议（即世界教育会议），1923年2月24日陶行知曾写信给胡适希望他作为代表参会。随后陶行知被改进社董事会推举为参会代表。为准备此次会议，陶行知亲自参与撰写有关论文，7月，陶行知与薛鸿志合撰了英文专题报告《中国之教育统计》，其中包括56份统计表。

另外，陶行知还敦促有关人士积极准备材料。3月21日，致函东南大学督促编辑会议所需图表，5月22日又请郭秉文撰写500字至1000字的《中国高等教育》要点。当时共计20余件资料送往万国教育会议，涉及中国文化、教育的多个领域，作者多达28名，其中郭秉文提交了《民国十一年之高等教育》《中国近代教育之进步》两篇文稿。

在这次会议上，郭秉文当选为世界教育联合会副会长、理事兼任亚洲分会会长。由于郭秉文连续三次被推举为世界教育联合会副会长兼亚洲分会会长，所以当时“在各国人士眼睛里，中国外交界上只有顾维钧、施肇基，教育界上只有郭秉文”。此次会议后，陶行知更加意识到参与国际教育活动的重要性，认为“教育的良否，在国际地位上狠（很）是重要”。

其四，郭秉文与陶行知的异同所在。

1923年7月28日，陶行知因为同时担任东南大学及中华教育改进社的职务，每月来往南京、北京一次，渐觉疲倦，难于支持，希望辞去校内职务。8月份辞呈获准，陶行知举家迁往北京。

因为政局动荡，1925年1月北洋政府免去了郭秉文的校长职务，东大发生“易长风潮”，并改派胡敦复接任校长，当时东大校内形成拥郭、倒郭两派，继而东大师生“拒胡挽郭”，最后调江苏省教育厅厅长蒋维乔任东南大学校长。在此背景下，作为东大名誉教授，陶行知对此不能超然事外。1925年2月25日《申报》刊发了《陶知行致函政府，援助蒋教育厅长》的短文，指出：“今政府方谋国是之善后，但贤能被摈，公道不彰，众怨将归，何以为国？昔人种恶因，后人谋善后。”郭秉文被迫去职后，陶行知也彻底脱离了东大，两人校内外密集的、有创建的合作基本结束。

第一，郭秉文、陶行知是近代中国社会大转型的时局下中国近代知识分子尤其是留学生群体中秉承“教育救国”的代表。

陶行知曾留学美国，先入伊利诺伊大学学市政，获政治学硕士学位。由于他认为在中国当时腐败的政府里不能很好地为民服务，于是转入哥伦比亚大学研究教育。1916年2月16日，陶行知在致罗素的信中表示，决心“将回国与其他教育工作者合作，为我国人民组织一高效之公众教育体系”。

郭秉文在博士论文中认为，“与国民进步最关系者乃教育”，“教育之改良为一轴纽，牵动各种事业皆随之而变新，教育造成人才为国家之栋梁，措国家于磐石之安”。陶行知也有相近的观点，他在《师范生应有之观念》中提出教育乃救国之方法，“鄙人谓教育能造文化，则能造人；能造人，则能造国”。可以说，把教育视为促进中国进步的关键，促使郭秉文、陶行知先后走上中国教育改革的历史舞台。

第二，离开东大以后，郭秉文、陶行知的人生有着较大的差异。

1925年2月，郭秉文赴美国，后与孟禄等人一起创立“华美协进社”，20世纪30年代归国转入政界，抗战时期曾负责对英借款事宜，后出任联合国善后救济总署副署长兼秘书长，并长期在美国推动中美之间的文教事业。1969年8月29日在美国逝世。郭秉文一生涉足多个职业领域，亲任繁务，举重若轻，被尊为“中国哲人”。

陶行知离开东南大学以后，为中国教育探寻新路，先后创办南京晓庄乡村师范学校、燕子矶幼稚园、山海工学团、育才学校、社会大学等机构。他是伟大的民主主义战士、爱国者，一直从事着改造中国社会的伟大实践。1946年7月25日在上海逝世，享年55岁。陶行知逝世后，被毛泽东、宋庆龄称为“伟大的人民教育家”和“万世师表”，是“民族之魂、教育之光”。

由上述可以看出，郭、陶后半生的人生轨迹有较大的差异。陶行知奉行的是“大丈夫精神”，即平时要“仁者不忧，智者不惑，勇者不惧，达者不恋”，有事则要“富贵不能淫，贫贱不能移，威武不能屈，美人不能动”。相较而言，陶行知更多地受到基督教的影响，因而人生大起大落，生命短暂，所以“捧着一颗心来，不带半根草去”是对其最经典的解读。

郭秉文则深谙中国传统文化，讲求持中之道，他认为“平，是治学治事的最好的座右铭”。曹文彦认为郭秉文“养生处世之道，宅心温和敦厚，持躬宁静淡泊，深得道家反诸自然之妙。可是在做事方面，始终是积极的，关于这一点，他实已得儒家哲学之真传”。所以郭秉文比陶行知摄生有道，多了30余年的人生时光。

“云水苍苍，山水泱泱，先生之风，山高水长”，虽然郭、陶两位先生风格迥异，但是这两位先驱勠力中国教育，为中国教育现代化进行了卓越的探索，其业绩与风范永世长存。

鸿声东南开新篇

创立东大首倡议

1919年五四运动以后，在科学和民主的大旗下，中国教育界呈现出一派生机。全国教育联合会几次会议都有人提出“改高师为大学”的倡议，郭秉文也是力倡者之一。当年秋天，他从欧美考察回国，在江苏省教育会会议上介绍战后欧美教育近况时，针对我国高等教育严重落后问题，呼吁应增设大学，认为这是攸关国家生存发展的大事。

> 增设大学不容或缓。意大利全国人口不及我江苏一省，而有大学二十有一。美国全国大学总数有五百数十。以彼例此，我国如意大利，须有一百余大学；如美国，则须有一千余大学。今则何如，此实与国家生死存亡有密切关系。盖大学实为一国舆论中心，如意大利原与德奥同盟，今次大战，弃同盟而加入协约，则大学鼓吹之力也。在战争时，既占势力，在平时乃为一国文化之中心。我国此次五四运动，发端于北京大学，仅一大学其效力已如是，倘有意大利大学之数，则将来文化势力之伟大，何可限量。目前提议增设大学，恐借口于经济困难，而缓其进行。其实不妨减少他项不甚重要之事业，腾出经费，务使实行。近有人发起西南大学，此举余极赞成，认为极重要者也。

在提出增设大学刻不容缓的同时，郭秉文提议将已有的南高师改组为大学。民国初年，教育部在全国划分了4个大学区、6个高等师范学区，南京都在两个学区的划分之中，如果依照计划，南京应该有两所高校。但“国家多事，未能施行，而南京地方以历史上地理上以及东南学子之需求上种种关系，尤为当务之急，以事实上亦以南京高师为基础，以改建成大学为最简易而易行之法，此则人人同此心理也”。为促成南高师改组成大学，他“历年在京列席全国专门以上学校校长会议，无不以此促全国教育家注意”。

促使郭秉文改建大学的动因，还与当时教育总长范源濂对高等教育的提倡以及南洋劝业会会址的用地问题有关。郭秉文在与教育总长范源濂、教育部次长、教育部视学及其他教育界要人会晤时，也多次谈及在南京建设国立大学之事，并得到多方的赞同。

前清宣统年间，南洋劝业会[①]在南京开办，后因经费不足，曾与侨商张某商量，要其以20万元银价将劝业会地皮买去，另外再“报效”民国政府10万元。张应允后，交清地价20万，另交给政府2万，因尚有8万未交，民国政府多次催索，并以如不交付即没收此地相挟，因此激怒张某而愈不愿交款。

南洋劝业会总门

1918年，教育部负责调停此事，劝张某将此地捐作大学地皮，政府即不再催索余款。当时江苏省教育会会长黄炎培利用考察南洋的机会，说服张某之子

① 南洋劝业会是中国历史上首次以官方名义主办的国际性博览会，由时任两江总督端方于1910年（清宣统二年）6月5日在南京举办，历时达半年，共有30多万中外人员参观，会址南起丁家桥，北至三牌楼，东邻丰润门（今玄武门），西达将军庙口，占地700余亩。南洋劝业会借鉴了美国万国博览会、比利时博览会、意大利米兰博览会的经验，成功地吸引了全国22个行省和14个国家及地区设馆参展，展品约达百万件，时人称之为“我中国五千年未有之盛举”。当时的报界高度评价劝业会：“全国之大钟表也，商人之大实业学校也，产品之大广告场也，输送本国货以向外国之轮船、铁道也”；“一日观会，胜于十年就学”。《申报》曾介绍劝业会：“若日之东京大坂、美之圣路易、意之米廊，皆以地方为名，而实含内国与世界性质，本会虽名南洋劝业会，实与全国博览会无殊。”

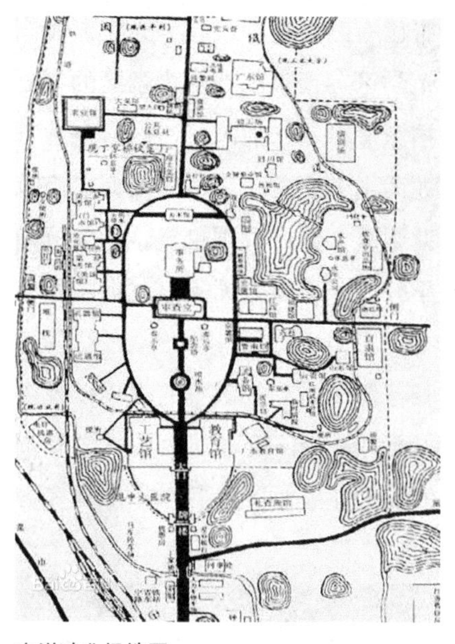
南洋劝业场地图

张步青将其在南京丁家桥的南洋劝业场旧址约500亩土地，捐献给东大办学。张步青提出要政府为其及兄弟颁发勋位、勋章，为去世的父亲立铜像等要求。黄炎培答复说，勋位勋章可与政府商量，但政府尚无为国民立铜像的先例，如果能在地皮以外还有经济捐助，大学可为其父亲立铜像，张步青表示赞同。此外，黄炎培还争取到张步青叔父对大学给予捐助的承诺。

以前，郭秉文虽多次提出改立大学之事，但教育部每年额定经费不足，再建大学的经费就更没有出路，所以也就打消了提议。现在如能得到张步青叔侄的赞助，将为改高师为大学提供额外的物质资助，天赐良机，不可错失。1920年4月7日，郭秉文在校务会议上正式提出于南京高等师范学校校址及南洋劝业会旧址建立东南大学的建议。与会者经过讨论，一致赞成，并决定成立大学筹备委员会。郭秉文认为，“以偌大问题，而以极短时间内通过，可见大家心里注意已久”。

南洋劝业会场景

随后，郭秉文即组织“筹划请改本校为东南大学委员会”，由张子高、刘伯明、邹秉文、柳诒徵、杨杏佛、孙洪芬、王伯秋、陶行知、胡先骕、张士一、涂羽卿等11人组成。4月20日上午，“筹划请改本校为东南大学委员会”召开了第一次会议，讨论东南大学筹备事宜；以后又经三次讨论，拟订了初步计划。

1920年9月，开学之初，郭秉文携带筹备计划前往上海，与各方面接洽，广泛争取社会名流的支持。一周之内，得到张季直（謇）、蔡孑民（元培）、王儒堂（正廷）、蒋梦麟、沈恩孚、黄任之（炎培）、穆藕初（湘玥）、江谦（易园）、袁观澜（希涛）共9位社会贤达的支持。连同郭秉文，10人联名致书教育部，提出在南京添设大学。

9月底，郭秉文又邀请江苏教育会会长黄炎培进京，并邀约北大校长蔡元培以及代理北大校务的蒋梦麟，4人拜见教育总长范源濂，陈述在南京创办大学的事由。范源濂听后表示赞同。次日，他们又拜访教育部次长、司长、参事等，讨论磋商筹建大学事宜，几经讨论，认为改立之事需要重点解决三个问题：其一，学制问题，即南京高等师范学校是否还存在，将南高师直接改为大学，还是在南高师之外另设大学。其二，地址问题，即政府是否愿意答应南洋劝业会赠予学校的条件，给张步青的父亲颁勋位。其三，经费问题。

面对学制变更、校址扩充、办学经费三个难题，郭秉文认为，大学急需开办，不能迟疑，上述三个问题，如能解决固然最好，即使不能解决，大学仍旧可以开办。他对这三个问题做了如下答复：第一，学制。如果等待学制问题的解决，不知要等到何年何月。目前全国已经有5所高等师范学院，不如将南高师一面改办起来，一面仍保存高师的名义。第二，经费。大学经费较多，如果新成立大学预算不通过，如果能将南高师1920年度新预算通过，第一年同样可以筹备。第三，地点。即使得不到劝业会的地皮，南高师已有校址400亩，左右空地还非常多，将来还可以扩充。郭秉文提出：“如此不名一钱可以改办大学，政府何乐而不为呢？”

郭秉文在北京三天，因中华新教育共进社在上海开会，即匆匆南下。一个多月后，即11月下旬，他在上海接到北京的消息：（1）政府不能颁给张先生勋位。因为内阁认为颁授勋位必须谨慎，即如陈嘉庚先生捐款1400万兴学，政府虽有颁给勋位的打算，但那是因为陈先生在教育事业上有所贡献，并非是因为他捐了钱的缘故。（2）关于学制问题。南高师本科仍需保存，各专修科可改为大学，而大学中是否设文理科，可以酌情而定，政府不加干涉。（3）关于经费问题。教育部提议案于国务会议，由于经费增加太大而议论纷纷。范源濂总长见事不妙，当即将议案撤回，同时又备公文向财政部说明情由。

面对这样的回复，尤其是加拨经费的阻碍，当时不少参与筹备者几乎失望，但郭秉文深信设立大学之重要，认为财政部之所以驳回在南京设立大学的提议，是因为不清楚具体的情况。于是，他再次进京，将建设大学的重要性和南高师增加预算的理由，向出席国务会议的各部总长一一说明，各部总长了解详情后，皆表示赞成。财政部周总长说："从前（不支持是）因为不明了内情的缘故，现在我已经了解了，我一定赞成。"

郭秉文特地在北京等候消息。1920年12月6日，教育总长范源濂委任郭秉文为东南大学筹备员。次日，国务会议一致通过南高师筹建大学的议案，并定名为国立东南大学。至此，自郭秉文提出筹建大学的议案（4月7日）到国务会议设立国立东南大学（12月7日），前后整整八个月。在不足一年的时间内，获得一所新大学的审批，其间几经波折，从中足以看出郭秉文以教育改变社会的宏大志向以及坚持不懈的恒心与毅力。

1920年12月15日，南高师接到教育部筹备大学事宜的公文，郭秉文随即召开全校师生大会，报告了筹备过程，其中提到，自12月16日起，将正式组织东南大学筹备处，分组织系统股、经济股、校地推广股、建筑股、校章编定股、公布股、招考学生股、购置股共八股。筹备处各股事务，由南高师各教职员分别担任，并希望在三个月内完成基本工作。关于改立之事，郭秉文还提出向全校学生征求意见，"而诸同学有所见及，如南师毕业生如何升入大学，或中学生对于大学预科如何组织等等，均可写条交筹备处"。报告的最后，郭秉文特别提出，办好大学关键在于解决人才与经费问题，并希望全校师生员工、社会人士共同支持大学的筹备。郭秉文认为办大学有两个大难题：

> 一为人才，本校以他人言之，似为人才济济，然自己甚觉人才不够，故以后应一方面物色专才，一方面培养专才，即送本校毕业生往国外留学，学成回校充当教授。
>
> 二为经济，北京大学仅文理法三科，每年需经费80万。本校分科更多，且有农工等科，需费更属浩大，而政府又财政困难，此项经费不得不除国库以外，尚多赖海内外同胞加以资助。总之，对于大学事宜，以后总赖全校同事先生、同学诸君及社会上群策群力，共图东南大学之发达与进步。

在东南大学筹备之初，因为所需办学经费数额巨大而且事情紧急，所以郭秉文借鉴欧美高校利用社会赞助的办学方式。郭秉文与张謇、蔡元培、黄炎培等特地以东南大学发起人名义向社会发布《东南大学缘起》，指出在东南地区举办大学的必要性，强调今后的时代，是大学教育发达的时代，而人口达2亿之众的东南地区至今没有一所完备大学，这是东南人士的耻辱。

> 东起河济，南迄海徼，其方里不下五百万，其人口不下两万万，其学者不下数十百万，而数十年来，数千里中无一完备之大学。嗜学而蕲大成者不入外人所立之大学，必裹粮斋装不远千里而之京津，京津之大学不足容则必东走日本、美利坚，西诣俄、英、法、德，以解其嗜学之渴。比学成而归而桑梓钩游之地复不能以最高学府罗致其人，俾之从容赓续极深研究世界之学术思想，铸造成而树中国之征识，此非吾东南人士之耻欤。

该文还列举在南京设置大学在地理、历史、校址、设科、师资、学生、经济、学术、国际交往和民治等十个方面的有利条件，呼吁社会人士对东南大学的建设给予支持。

> 南京为东南各省水陆之要，津、鲁、豫、皖、赣、浙、闽诸省轮轨四通，气候温和，无盛寒酷热之患，城北地广而静，山川风景之美，最适于学者之修养，此利在地理者一。
>
> 吴晋以降，东南都会莫先于此，民国肇基尤为有史以来惟一可以纪念之地，发挥平民之思想，他地万不能逮，即以文化论，数百年来东南魁宿侨居此都，其流风余韵举足以振发学者之理想，此利在历史者二。
>
> 城北南洋劝业会场面积广阔，地主张君夙愿以地权归之未来之大学，因其基础兴建校舍足容学生万人，他处无此广厦，此利在校址者三。
>
> 大学为最高学府，非仅办一二科即可以餍学者之望，南高原有工、商、教育、体育诸专修科，其规模已近于各国之大学，以之并入东南大学，第须添招文理科，则学科已称完备，即增立法科、医科，亦复易于筹备，此利在设科者四。

开展校务立规矩

东南大学筹备伊始，对外发布了《东南大学缘起》吸收社会赞助，对内为协助开展校务，建立了学校董事会。根据“教育部核准之开办东南大学计划书”，东南大学学校董事会董事资格分两类，一类是当然董事，包括校长以及由教育总长指派的部员一人；另一类是选聘董事，需为“声望卓著，热心教育者”和“以学术经验或经济赞助本校者”。

1921年3月，经全体职员大会议决，组成了东南大学董事会，推举张謇（甲午科状元，前实业总长、农工总长）、蔡元培（前教育总长，北京大学校长）、王正廷（多届内阁外交总长）、袁希涛（历任教育部次长、代理部务）、聂云台（上海总商会会长）、穆湘玥（纺织业巨子）、陈光甫（上海银行公会主席）、余日章（中华基督教青年会总干事）、严家炽（江苏省财政厅长）、江谦（南高师前校长）、沈恩孚（江苏省教育会会长）、黄炎培（江苏省教育司司长）、蒋梦麟（教育家、代理北京大学校务）共13人为学校董事会“董事”，并推举江苏两任巡按使齐耀琳、韩国钧为“名誉校董”。日后又增推钱新之（上海交通银行经理）、荣宗敬（棉纱、面粉大王）为校董。这些董事“或为耆德硕学，或为教育名家，或为实业巨子，对社会事业均极热心”，也对东南大学的日后发展起了重大作用。

校长郭秉文作为当然董事与17位校董组成了东南大学第一届校董会。1921年3月28日，北京政府教育部正式函聘他们为东南大学校董，并派教育部专门司司长任鸿隽为部派代表，参加校董会。

学校董事会初设时仅作为议事、咨询机构。东南大学筹备处在所拟订的简章中，对校董会的主要职权规定为两条：一是扶助学校之进行；二是保管私人捐助之财产。为了便于开展工作和发挥董事各自所长，东大董事会议决设立“办事校董”和“经济校董”，并推定袁希涛、沈恩孚、黄炎培三位教育家为办事校董，聂云台、穆湘玥、钱新之三位实业家为经济校董。

根据东大董事会简章，校董会有以下职权：(1) 决定学校大政方针；(2) 审核学校预算决算；(3) 推选校长于教育当局；(4) 决定学校科系之增加、废止或变更；(5) 保管私人所捐之财产；(6) 议决学校其他之重要事项。校董会所议决事项，由校长呈请教育总长核准，然后施行。

1921年6月6日，东南大学在上海召开董事会，讨论董事会章程，通过《东南大学组织大纲》和编制预算，并一致推荐郭秉文为校长，由董事会“报教育部呈大总统批准”。其后，东南大学即将6月6日定为校庆日。1921年7月，教育部核准《东南大学组织大纲》，东南大学遂于8月招考预科学生。9月，国立东南大学正式成立。教育部次长暂代部长马邻翼委任郭秉文为东南大学校长，兼任南京高等师范学校校长。

东南大学在行政管理上，除重大事务由校董事会决定、日常事务由校长负责外，设行政委员会作为全校行政总枢，下设11个部门：教务部、事务部、会计部、文牍部、图书部、出版部、体育部、女生指导部、医药卫生部、建筑部、介绍部。行政委员会由校长或其代表人为主席，委员若干人由校长就各部、各科主任中委任。同时，设校务会议议决重大事项。校务会议出席者为：校长、各科代表、各系代表、行政各部代表和附属中学、附属小学代表。

学校另设教授会，讨论和议决关于全校教授的公共问题。教授会由校长、各科系的主任以及教授组成。教授会开会时，以校长或校长代表人为主席。

除了创立董事会以外，郭秉文还负责东南大学校徽、校训的制定工作。郭秉文倡议校徽设计为银质圆形，上镌“国立东南大学”六字，中镌“止于至善”四字。“止于至善”出自《大学》开篇语，以其作为校训，彰显了东南大学的教育理念。2002年东南大学百年校庆时，重新启用了“止于至善”的校训。

郭秉文在南高师校训“诚”的基础上将其升级为“止于至善”，体现了郭秉文对建设什么样的大学以及如何建设大学的深刻理解。

选择“止于至善”作为校训也源于郭秉文对儒家传统文化的重视与深刻理解，比如，他在博士论文中大量引用了《尚书》《礼记》等儒家经典史实，来探讨古代教育制度的起源问题。估计在这样的研究中，他体悟到“止于至善”是儒家传统文化的价值精髓，也是大学的办学之道。

郭秉文在国立东南大学时期提出“止于至善”的校训，旨在要求师生在言行、品性、知识、能力等方面不断追求，臻于完美。在如何践行“止于至善”的校训问题上，郭秉文借助东大所在地南京的地理环境，要求学生应具备“钟山之崇高，玄武之恬静，大江之雄毅”。这一校训不仅是对学生的要求，同时也是对他自己的要求。南京高师—

东南大学毕业生吴俊升在纪念郭秉文的文章中评价说：“公一生精力以用于教育文化事业者为最多，而创办南高东大，树立诚朴精进之学风，造就建国之人才，尤为生平最大之贡献。”

如今东南大学的校徽

筹建商大显格局

在筹建国立东南大学的同时，郭秉文还开展了上海商科大学的筹备活动。筹备东南大学商科之初，郭秉文认为因人才与环境的关系，商科应建设在上海，因为上海是当时中国工业、商业、金融业的中心。他曾多次到上海考察此事，但是因为没有前提基础，推进起来非常困难。当时国立暨南学校[1]所设商科，因社会需要、人才及环境关

位于霞飞路的上海商科大学旧址

[1] 1906年两江总督端方上书光绪皇帝，请求允许“南洋各岛及檀香山、旧金山等处侨民”回南京读书，以“宏教泽而系侨情”。经过筹备，所办学校校址被选在南京薛家巷妙相庵。1907年3月23日，暨南学堂正式开学。首批学生21人，全部是爪哇归国的侨生，原籍大部分为广东。后改为国立暨南学校、国立暨南大学，现为暨南大学。

系，改迁上海，同样受制于师资短缺、经费不足、设施缺乏等问题。

共同的目标与相同的困难，促使郭秉文与暨南学校校长柯成懋相商，决定举两校之力合办上海商科大学。他们与上海商学两界人士开会商榷以后，公推黄炎培、黄奕住、史量才、聂云台、穆湘玥、钱新之、张公权、陈光甫、简照南、高阳四、朱进、张淮（子高）、赵正平等15人，组成上海商科大学委员会。同时，推举郭秉文为主任，统筹相关事宜。

1921年7月13日，郭秉文以东南大学筹备员名义与柯成懋联名呈报了《呈教育部报合设商科大学鉴核备案文》，其中陈述了两校在筹办商科中遇到的人才、经济两方面的困难，强调两校举办商科，“宗旨既同”，“不妨合一炉而冶”。根据呈报文，上海商科大学委员会详细讨论筹建上海商科大学的具体办法，决定定名为“国立东南大学暨南学校合设上海商科大学”，校址暂设于上海法租界霞飞路尚贤堂，1921年秋季正式招生。所需经费，由两校商科预算移充应用，由东南大学承担2／3，暨南学校承担1／3。

9月23日，教育部对两校合办上海商科大学的报告做出批复：“情形既属特别，办法亦尚适宜，应即准予备案。”1921年秋天，两校合设上海商科大学正式开办，由郭秉文兼任校长，马寅初任教务主任并主持日常工作。9月28日上午，上海商科大学举行开学典礼，教务主任马寅初及黄炎培等发表演说。在当年《申报》的一篇报道中描述了上海商科大学开学典礼的场景：

> 上海商科大学于1921年9月28日上午10时，行开学礼……学生到者约一百五六十人，教育实业两界到者有杨瑞生、沈信卿、黄任之、赵厚生四君等。首由主席朱进之报告本校经过情形，教务主任马寅初报告教授宗旨及注意各点，后由杨瑞生、沈信卿、黄任之、赵厚生四君相继演说，大致均勖学生将来注重商业道德，而黄君并述是校创办之原因，且望学生有世界眼光及吸收商业新文化云云，辞毕已12时。闻今日为该校夜校开学期，学生有一百五六十人。

上海财经大学校内马寅初铜像

上海商科大学设置普通商业、会计、工商管理、银行理财、国际贸易、交通运输和保险共七系（后两系未招生），分为一年预科和四年本科两个层次，实行学分制，聘请马寅初、潘序伦、胡明复等知名学者任教，还经常邀请胡适、顾维钧等名流来校举办讲座，开拓学生眼界。

上海商科大学的学生管理采用学生自治方式，日常活动、膳食、课余活动等均由学生自理，这是郭秉文自南高师时代起就极力提倡的。郭秉文一向比较注重学生自治，他在《战后英美教育近况》中认为："共和国之实际，在学校内注重共和精神之培养，如职员教员间之协力办事，学生方面提倡自治，发展自动之机会，养成互助之精神。"1922年4月4日《申报》刊载的《商科大学记事》报道，上海商科大学设有学生自治会，分为评议、执行、纠察三部，执行部下又分为交际、值务、膳食、经济、卫生、学艺等科，可谓管理、活跃学生生活兼得。各级又设立级会，负有管理之责。总体而言，学生课余活动颇为丰富，学校篮球队曾夺得华东八大学校篮球赛冠军。为给上海工商界人士提供补习商业知识的机会，上海商科大学还开设夜校及上海市第一商业补习学校，并拟将商业的补习教育从上海一隅推广到全国。

但是好景不长，不到一年时间即1922年6月，暨南学校因要自办大学而变更合同，意将上海商科大学归东南大学独立承办，后经东南大学校董会议认可，即定名为国立东南大学分设上海商科大学，推方椒伯、史量才、田时霖、朱成章、任嗣达、李清泉、孙梅堂、郭标、张公权、谈丹崖、赵晋卿、韩无闷、简照南、严直方、严敬舆等15位先生为校委员会委员。6月15日，郭秉文以国立东南大学校长名义与暨南学校新任校长赵正平联名呈送《呈教育部变更合设上海商科大学成案文》，其中提出，"自1922年7月起，将两校合设上海商科大学名义取消，由东南大学独办，改名为国立东南大学分设上海商科大学"。

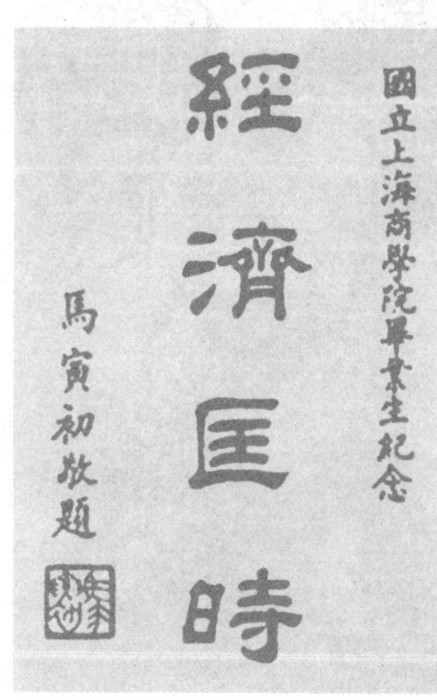

马寅初题词

另外需要提及的是，郭秉文虽然以推进高等商科教育的公心筹建上海商科大学，但因个人筹划期间，缺乏与校内商科教师的商议与沟通，也引起了校内教师的不满。1921年6月24日，南高师商科教职员为合办上海商科大学一事致信郭秉文，提出了抗议。

秉文先生左右：

顷见六月二十一日《申报》第三张，载上海商科大学进行消息，云东南大学已决定与暨南学校合办上海商科大学，并公举先生为大学主任云云。阅竟为之大惑不解。查国立东南大学尚未成立，一切增减部科大计划，自应由教育部决定，先生仅为东南大学筹备员，何能自由主持？且东南大学应有农、工、商三科，载在教育部令，先生为部派筹备员，更何能不得部许擅自更动？如日事出仓卒，急不暇待，则事经数月，载在报章，况六月六日方在沪开东南大学校董会，何以不闻先生提议此事？如日事关商科一部分计划，校董会不悉商科情形，不便过问，则当由代表东南大学商科之团体与闻。按照部令，东南大学农、工、商三科，即由南京高等师范之农、工、商三科归并办理等语，是在东南大学未成立前，比较的可以代表东南商科者，惟南高商科，故大学商科计划与预算，即由南高商科教职员担任起草，大学农、工、文理各科计划与进行，则由南高农、工、文理各科担任，是先生固熟明此理也。同人忝为南高商科教职员，何以于此次合并会议，始终未得与闻？（到会之朱君现在未任南高教课，不能代表商科）并屡次面询，先生均支吾搪塞，如日同人等不能胜任也，则先生既以主持南高之责见托，又命以计划东南大学商科，并与订明年之约，是先生所责望于同人者固甚大也。同人感先生之诚，方思奋勉以谋东南商业教育之发展，不谓先生竟不告同人，取消东南大学商科名义，并间接取消部令并入东南商科之南高商科，使同人退则负先生委托之重，进更无效力之地，迷离惝恍，如坠云雾。而南高商科同学，不察此事原委，复以维持部令保全东南商科相责，同人不肖，不敢负擅更部令破坏东南商科之名，故仍以质问先生：古君子爱人以德，先生既以东南商科计划与南高商科事务见委，当亦不愿同人有尸位溺职之讥也。责任所在，不敢缄默，为东南商科前途计，谨掬诚以询，伫候明教。专泐，敬颂道安。

南京高师商科教职员全体谨上

六月二十二日

可以说，郭秉文筹建上海商科大学而由此引发的商科系教师对郭秉文工作的怨言，成为日后校长免职风波的校内动因之一。

上海商科大学从成立之初就打上了郭秉文教育思想的烙印，其培养目标在原有的训育、智育、体育“三育并举”的基础上提出了培养具有“组织能力和领导素质”的商业人才这个新的方向。从学校体制、师资延聘、课程设计等各方面，都可以窥见郭秉文的教育思想。

当年，想要考入上海商科大学颇为不易，入学考试除国文以外，数学、经济学大意、簿记学、商业算术、世界近代史、世界商业地理等科目均采用英文考试。同样，要想毕业也不容易，在校生不仅要学习专业课程，还要学习第二外语，而且各课教科书和参考书全部是英文原版教材，即使在今天，这样的课程设置在高校中也极为少见，由此可见该校对学生学业有严格的要求。当时学校实行学分制，以每学期每生每周上课及自学合计3小时为1学分，每学年以16学分为标准，可略作增减，本科修满128学分方可毕业，提前修满学分即可提前毕业。如若学生仍有余力，还可以修习第二专业。

除课堂教学外，学校还十分重视考察和实习。马寅初、朱进（之）、沈籁清、李道南、潘序伦先后担任教务主任，学校还聘请欧美留学归国者为骨干教师。1924年聘任的24名专任教师中，有留美经历者14人、留英博士1名、外籍教授2名，占全体教师的71%，其中知名者有潘序伦、胡明复、严谔声等。学校还经常举办各种讲座，聘请国外著名学者（如杜里舒）和国内各界名流（如胡适、顾维钧、王宠惠）来校讲演，以便开拓学生眼界。学校里的留洋教师大部分是郭秉文利用自己在美国的人脉得以延揽的，而前来演讲的名人更是靠郭秉文动用私人关系才得以请来，可见郭秉文确实是抱着一颗公心来推进上海商科大学建设的。

1925年春，会计系成立了以“研究已有之学说、调查我国已有之会计制度及设法改进之”为宗旨的“国立东南大学上海商科会计学会”。学会通过了章程，制定了研究细则，要求定期交出报告和论文，选举了第一届委员5人。至1926年3月，学会聘请会计专家沈籁清、李道南、潘序伦等教授为名誉会员，普通学生会员共30人，还出版了《会计学杂志》的创刊号。创刊号由潘序伦教授撰写发刊词，刊发论著7篇、译著4篇、演讲录1篇，共86页，由太平洋印刷公司印刷，国内各大书坊代售，代表了当时会计学子的学术水准。会计学会和《会计学杂志》成为上海商科大学校史上最早成立的学术团体和刊行的学术刊物。

上海商科大学还注重贯彻“服务社会”的办学宗旨。当时商大的夜校与日校同时开学，“专为在外服务商界青年补习学问及应用知识而设，故所定之学程咸以注重实用为宗旨”。夜校受到社会的热烈欢迎，开办两年中“就学者达六百余人，先后所开学程有九种”，“报名者络绎不绝”。1924年春，商大数十名热心平民教育的学生开设了“商大平民夜校”，由学校师生捐助经费，为小学程度的平民免费施教，两年内学生达500余人。

1925年至1927年，商大毕业生共3届194人，他们毕业后大部分进入工商界或其他经济领域工作，大多成为中国相关领域的中坚力量甚至领导者，其中后来在社会上做出较大建树的学生有王志莘、王漱芳、蔡受百、徐柏园、刁培然、戴铭巽、彭光球、曹立瀛、薛聘文等，甚至当年的夜校部都曾培养出民国工商业巨头许冠群这样的人物。

无论是全日制的本科还是夜校教育，上海商科大学的人才培养理念是非常明晰的，那就是为中国工商业发展培养“深明世界潮流、洞知经济趋势”的居领导地位的人才。1924年，郭秉文曾发表专文《中国的商科教育》，以教育家的宏阔视野，回顾了民国以来中国商科教育的发展历程，自豪地向社会介绍了上海商科大学在中国高等商科教育中所处的奇特和几乎独一无二的地位，并高瞻远瞩地提出，发展商业最根本的还是为了挽救民族的危亡。

> 政治家和教育家们都已经逐步认识到，说到底，没有任何灵丹妙药可以医治好我们民族的伤口，而只有工业、商业和教育，才有可能为解决重大国计民生问题而铺平道路。随着商业的发展扩张，商业圈中的领导人士也开始意识到，社会非常需要一个强有力的教育机构，来致力于培养一大批不仅具有商业知识和技能，还有组织能力和领导素质的学生。上海商科大学正在努力满足这种需求。

可以说，上海商科大学的出现一改晚清以来我国商科教育的颓势，率先引入美国商科教育模式，开设了若干专业，引进了先进的西方商业知识和理论，成为国内特色鲜明的高等商科学府。国内各校随即效仿，开创了我国商科教育的新局面。如今，由上海商科大学演变而来的上海财经大学没有辜负郭秉文的期望，一直是我国财经高等教育的排头兵。

南高东大新时期

东南大学初建时与南高师在办学的许多方面是合在一起的，校门前同时挂着两校的校牌。南京高师原有的教育、农、工、商4科及19个系划入东大，文理两部和其余5个专修科名义上仍归南高师，其中以教育专修科和体育专修科组成的教育科，下设心理系、教育系、体育系；以农业专修科扩建成的农科，下设农艺系、园艺系、畜牧系、病虫害系、农业化学系；以工艺科为基础建成的工科，下设机械工程系。以上3科均设在校本部。以商业专修科改建而成的商科，办在上海，下设会计系、银行系和工商管理系。两校在同一座校园内，中间仅一篱相隔，教职员、经费和校产均属两校共有。

南高师–东大时期国立东南大学校门

东南大学筹建时即已议定，南高师自1921年开始不再招生，待其学生全部毕业即可与东大合并。其后有人主张将南高师改为私立师范大学，郭秉文和南高师教授都反对此举，觉得无此必要，主张南高师悉数并入东大。1922年12月6日，南高师评议会和东大教授会联席会议通过《南京高等师范归并东南大学办法》如下：

（1）南京高等师范学校学生依照所学科目种类，照新学制归入东南大学各科。

（2）现有南高学生归入大学后，得继续免费修习至毕业为止。

（3）学生修毕南高规定课程者，得东南大学某部某科毕业证书；如欲得大学学士学位者，得继续免费至毕业为止。

（4）南高已毕业学生一律为东南大学同学会会员。

（5）民国十年（1921年）以前之南高毕业生如欲得大学学士学位者，得继续在大学免费修业至毕业为止。以上第三、第五两条办法以民国十二年（1923年）夏截止。

12月19日，郭秉文以南京高等师范学校校长名义拟具报告呈教育部，要求将南高师并入东南大学。1923年7月3日，南高师行政会议议决取消高师案。从此，南京高等师范学校全部并入东南大学，撤去高师校牌，所属中小学改为东南大学附属中小学。

东南大学成立后，作为“东南地区最高学府”，很快得到进一步发展。文理科最初设有国文系、英文系、哲学系、历史系、地学系、数学系、物理系和化学系，1921年增设政法经济系和西洋文学系，同时，农科的生物系、教育科的心理系兼属文理科。教育科最初设有教育、心理、体育3系，后增设乡村教育系。

农科成立于1917年9月，初订修业年限为3年，1920年6月改为4年。除添聘专家、增加仪器设备外，同时增加农业及博物之精深科目，采用选科制度，并吸取英美等国农业教育方面的经验，在培养农业科技人才的同时，兼重研究，且量力而行地开展农业技术推广工作。当时，东南大学农科除在南京市区设有农事试验场外，还在省内外设有12处农业试验分场，总面积计3900余亩。

工科开始只设机械工程系。1923年3月，茅以升同工科教授李世琼、曾膺联、杨铨、涂羽卿、杨肇濂、刘润生等联名致函校长、教授会、评议会，提议增加土木工程、电机工程两系。他们的提议为学校所接受，不久，工科即增添土木、电机两系，成为当时我国大学中设系最多的工科。

青年时期的茅以升

经过短短几年发展，东大系科最多时曾达32系，其中，文理科有国文、历史、哲学、英文、西洋文学、经济、政法、数学、物理、化学、地学等11系；教育科有教育、心理、乡村教育、体育等4系；工科有机械工程、土木工程、电机工程等3系；农科有植物、动物、农艺、园艺、畜牧、蚕桑、病虫害等7系；商科有普通商业、会计、工商管理、银行理财、保险、国际贸易及领事、交通运输等7系。在校学生最多时达1483人（1925年），教职员最多时达290人（1924年）。

伴随着办学规模的扩大，学校基础建设也有了较大进展。南高师初建时，只有三江、两江优级师范学堂时期的主楼房（一字房）、口字房、教习房和部分学生斋舍。在政府所拨经费短绌的情况下，为求学校发展，郭秉文上下奔波，广求社会援助，并公开对外发表募捐启事。1921年，东南大学筹建之时，郭秉文就以全体校董名义发表《东南大学图书馆募捐启》，并制定了《东南大学图书馆募捐简章》。为促成江苏督军齐燮元之父齐孟芳捐款兴建图书馆之事，郭秉文亲自致函齐燮元。当时，校内师生捐款16万元，用于购买图书和仪器设备。1923年8月，郭秉文又发起“东南大学体育馆设备及附设游泳池募捐”活动。

为了筹资建校，郭秉文还开创了国立大学接受外国基金会捐助的先例，并在利用外资方面开了先河。20世纪20年代初，东大在苏浙两省进行“心理知识测验”，郭秉文通过孟禄（美国卡耐基基金会的代表）的关系争取到卡耐基基金会1万美金的捐助，用以购置设备。

东南大学图书馆

1923年12月12日，口字房被一场火灾焚毁，损失惨重，许多教职员和学生为之痛心。郭秉文随即于1924年1月组织灾后募捐委员会，发起火灾捐款。由于多方努力，争取到一定的社会性捐赠，国内外许多知名人士及地方实力派纷纷伸出援助之手，在美国纽约的中国医学部也给予捐助。

20世纪20年代初，美国洛克菲勒基金会有意为中国大学捐建一科学馆。由于“口字房”被毁，所以郭秉文以此为契机，向洛克菲勒基金会寻求捐助。该基金会派孟禄博士等专家前来调查，认为东大在师资设备及科研力量上实力最雄厚，于是洛克菲勒基金会向东大捐助建筑费10万美元，占科学馆预算20万美元的一半，科学馆建成后又捐助了5万美元的仪器设备，并派专家前来讲学。

东南大学在国内首先建设的科学馆

在东大办学的前几年中，为筹建图书馆、体育馆、科学馆而募捐的总额超过了55万元。据1923年初统计，东南大学全校地产为405亩，其中包括校本部199亩，附中、附小106亩及农场100亩，价值8.1万元，图书价值2.58万元，仪器设备价值15.71万元，校舍价值51.36万元，等等。东南大学总计价值88.75万元。

在学校建设过程中，郭秉文特别聘请杭州之江大学建筑专家、美国人威尔逊为校舍建筑股主任，通盘筹划学校应有的各项建设并分期进行。到1925年，校内各项建筑基本竣工，一时蔚为大观，各地学校及文化单位纷纷前来参观，一些全国性会议也常在东南大学举行。

除了利用美国基金会的资助外，还值得一提的是郭秉文尝试中外合作办学。20世纪20年代初，美国哈佛大学与麻省理工学院希望与中国的大学合办工科大学，孟禄博士向他们推荐了东南大学，东大校董王正廷也从中斡旋和协助。"哈佛"与"麻省"遂派造桥大王沃德尔（Waddell）、工程师麦洛埃（Meloy）与孟禄博士来东大考察、洽谈，会谈甚融洽，进展甚顺利，一致同意并拟具了《中美合办工科大学之计划》，其内容要点是：(1）合作双方：中国为东大，美国为"哈佛"与"麻省"。(2）经费：中方负担者二，一为基地校舍，二为经常费每年75000元；美方负担者三，一为经常费每年75000美元，另筹资100万美元作扩充工科之用，二是设备由美方供给，三是专业教员由美方负责。(3）组织：设立9人校董会，中方推荐3人，美方推荐3人，东大校长1人，"哈佛"与"麻省"毕业的中国学生2人。该计划经东大校董会讨论通过，并由郭秉文、麦洛埃、孟禄草签。后因江浙连年兵战，省库罗掘已尽，上海工商业亦不景气，拿不出如许钱购地建房，美方亦失去积极性，遂计划落空。

经过几年发展，东南大学声名鹊起。因为如果从学科结构来看，东大覆盖面最广，工科主任茅以升曾评价说："东大寓文理、农、工、商、教育于一体，此种组合为国内所仅见，意义深远。"其他高校，如北京大学只设文理科和法科，中山大学只设文理、法、农3科。

郭秉文在创设东南大学之初就提出，办大学有赖于人才与经济。除了利用社会捐助改进办学设施以外，郭秉文深谙办学之道在于人才。

他往往请欧美著名大学校方代为考察拟聘用的中国留学生名单，然后再与之交谈，甚至亲往旁听教学或观察实验。对于真才实学者，郭秉文常常预付薪金，以作归国"旅费"。曾在东南大学教育科任教的程其保还在哥伦比亚大学师范学院攻读博士时，便收到郭秉文的电报，请他担任执行秘书兼教育学教授。程其保正准备回复时，又收到郭秉文第二封电报，说他即将来美出席世界教育会议，约程见面，并请程担任会议代表之一。"当时我尚学生之一。获此殊荣，侪辈均为我贺。我自幼立志教育，有此开端，更启示我今后事业的途径，为我对鸿声先生一生都难以忘怀者"。

一时间，东南大学名师荟萃，“东南所延教授，皆一时之选”，学人也皆以受聘南高师、东大为荣。郭秉文在任期内聘任的著名教授有陈衡哲（中国大学第一位女教授）、柳诒徵、蒋维乔、陈中凡、吴梅、吴宓、赛珍珠（诺贝尔文学奖获得者）、任鸿隽、竺可桢、熊庆来、陶行知、陈鹤琴、李叔同、邹秉文、茅以升、杨杏佛、马寅初等五十余位。燕京大学校长司徒雷登曾道：“郭秉文延揽了五十位留学生，每一位都精通他自己所教的学科。”

据20世纪20年代国立东南大学教员履历统计，在222名教员中，143人有留学经历，占64%以上，其中理工科教员全部是“海归”。由秉志创建的生物系，由竺可桢创办的地学系，由熊庆来创办的数学系等，在当时大学同类学系中居于首创地位。这些“海归”为南高师、东南大学的迅速崛起和中国教育、学术发展做出了重要的贡献。

杨素芬在《中大校史》中评述：“东南大学当时为长江以南惟一的国立大学，与北大南北并峙，同为中国高等教育的两大支柱。”美国著名教育家、世界教育会亚洲部主任孟禄博士考察了中国各主要大学之后，称赞“东南大学为中国政府设立的第一所有希望的现代高等学府”。

东南大学的创建是郭秉文办学生涯中最辉煌的一页。它反映了郭秉文“寓师范于大学”的理想，反映了他高瞻远瞩的眼光、倾心于教育事业发展的热诚和锲而不舍的毅力，也反映了他善于抓住发展契机的智慧。同样，上海商科大学的创建过程，也反映出郭秉文不同寻常的胆略和气魄。在民国动荡的时局中，在办学经费短缺的困境下，东南大学依靠国内外的捐助，在短短几年中建成了系科整齐、设施齐全、成就卓著的东南学府，堪称民国教育界的奇迹。

四个平衡重在平

如前文所述，郭秉文生于上海，自小在长老会创办的清心书院接受了西式教育。1906—1914年，赴美留学8年，以惊人的速度完成了预科、本科、硕士、博士阶段的学习。他系统地学习和掌握了现代教育理论和研究方法，形成了自己的教育观点、理论和方法，这些教育理念集中体现在他的《中国教育制度沿革史》的博士论文之中。留学经历也让他深化了对中西方文化的认识。郭秉文回国后，历任南高师教务主任、校长和东大校长，中西文化汇集的教育理念，在他的办学活动中得以实践，最终形成了“四个平衡”的办学方针。

郭秉文深谙中国传统文化，将平生办学体验，归结为《大学》里齐家治国平天下中的“平”字，并认为，“平，是治学治事的最好的座右铭。”郭秉文认为就大学教育而言，办学治校应达到“止于至善”境界，“最高之善”就是力求实现“平衡”。郭秉文提出的“四个平衡”既是他的办学理念，也是他的大学教学思想。“通才与专才平衡”，可以使“通才不致流于空疏，专才不致流于狭隘”；“科学与人文平衡”，强调科学与人文并重，优秀民族文化与先进世界科学技术并重；“师资与设备平衡”，是说所谓“大学”者，既是“大师”之谓，亦是“大楼”之谓；“国际与国内平衡”，是说要想把大学办成国内外的学术中心，就必须博取百家之长、广求世界知识，以使学生放宽眼界、开拓心胸、广纳人类无限的知识和智慧。即使在今天看来，郭秉文在南高师—东大时所倡导的这种平衡理论及其实践对当前国家提出的世界一流大学建设仍具有特别重要的借鉴意义。下面通过张其昀的叙述，让我们对此进一步作以了解。

郭师秉文的办学方针

三年前本人因事赴美，在华府谒见郭师秉文，畅谈五十年前他的办学方针，归纳为一个平字。他认为大学里平天下之平字，乃是治学治事最好的座右铭。就大学教育而言，应该力求（一）通才与专才的平衡，（二）人文与科学的平衡，（三）师资与设备的平衡，（四）国内与国际的平衡。兹就郭师之所启发，参以本人亲自体察，以事实为印证，扼要述之如下：

（一）通才与专才的平衡

郭师所主持的国立南京高等师范学校，正科分为文史地部与数理化部，此外又设立工、农、商、教育、体育等专修科。其注重体育，尤具卓见。以高师为基础，郭师把它扩展为一综合大学，即国立东南大学，亦即国立中央大学的前身。正科注重通才教育，专修科注重专才教育，两者相辅相成，不可偏废。但两者并非截然划分，一个综合大学的好处，通才与专才互相调剂，使通才不致流于空疏，专才不致流于狭隘。大学生都应该成为平正通达的建国人才。这就是南高、东大、中大一贯相承的学风。

（二）人文与科学的平衡

大家都知道，民国十年左右，南高与北大并称，隐隐然后成为中国高等教育上两大支柱。当时新文化运动风靡全国，可是南高一般维护中国文化的大师，如刘师伯明、柳师诒徵等，创办了“学衡杂志”，主张发扬民族精神，沟通中西文化，对于西方文化，不要仅作空泛的介绍，而当更作深入的研究。学衡旗帜分明，阵容坚强，俨然负起中流砥柱的重任，影响所及，至为深远。可是南高并非保守派，郭师从国外亲自物色延揽了五十位优秀学人，展开了中国科学的奠基工作，使南高、东大成为中国科学发展的一个主要基地。北伐胜利后，北平著名大学，如国立清华大学等，还借重了南高东大的毕业生，成为科学方面的名教授。这就是郭师当年辛勤耕耘的收获。

（三）师资与设备的平衡

大学教育当然以师资为第一，物质物件亦不容忽视。中国大学最早设有科学馆，恐怕要数南高、东大，建筑经费美金二十万元，是郭师向美国洛氏基金募捐来的。东大图书馆的兴建，也是出于私人捐款。因为当时政府财力困难，东大学生宿舍，也是运用银行投资合作的方式而增建的。此外，成贤街、三牌楼和大胜关附近，都有农场，钦天山、北极阁作为气象台台址，后湖即玄武湖作为水生物和鱼类的实验池。商科要注重国际贸易，所以特设于上海。凡此种种规划，无非是要注重实验，而达学以致用的理想。南高东大以及后来中大同学，都能为社会所重视，不曾发生就业问题，而且多能成功立业，彬彬称盛。饮水思源，不能不感谢郭师当年远大的目光和规模。

（四）国内与国际的平衡

郭师本人是美国哥伦比亚大学教育学院的博士，几次出席世界教育会议，连任了三届副会长。他对师范教育有极平实的见解，就是“寓师资于大学”。南高改组为东大，并非如一般人所想的升格，或好高骛远，而是他的教育理想的实践。他对师资问题，具有真知识，他认为中等以上的教师，应该是双料的学士、硕士和博士。这话怎么说？师范生的学业标准完全要与大学一样，并且希望能出类拔萃，有过之无不及。此外还须加工加料，具备两种修养，一是教材教法的精研，一是器识抱负的培养。因此他认为教师来源，不必局限于师范院校，应广求人才，着眼于全国大学的优秀青年，再加上一番训练和熏陶才好。南高东大有很多著名的教育家在里面，又延揽了国内外著名学者，来做短期或半年的讲学。在本人求学时期，国内如梁任公、黄赝白、顾维钧等，国际如杜威、罗素和德国杜里舒等先后莅临，名家萃集，极一时之盛。郭师主张广求知识于世界，务使同学们放宽眼界，开拓心胸，则爱国之心，油然而生。郭师常说大学生应有国士的风度和志节，国士者，“以国事为己任”，又“以天下为己任”。郭师出席世界教育会议时，曾以大学教育与世界和平为题，而阐明大学里“平天下”的志趣。他曾以钟山的崇高，大江的雄毅，玄武湖的深静，作为我校校风的象征。如今五十年的光阴忽忽已过去了，回想起来，对于当年高标硕望、领袖群伦的郭师，诚不胜有高山仰止、景行行止的感想。哲人其萎，风范长存。本校现在中坜复校，首座建筑物的讲堂，将悬挂着秉文的匾额，以期崇德报功，启迪后人，这实在是极有意义、极有价值的纪念。

郭师自称：生平为人为事，终是本于和平二字。平乃能和，和乃能进。美国艾森豪总统倡导新共和主义，其标语为：“惟均衡乃能和谐，惟和谐乃能进步”，东西哲学，深相符契。和平也是民族八德最后两个字，值得我们大家深长思考，拳拳服膺的。

郭秉文深谙中西文化，在办学方针上，秉持“平”的原则。除了上文提及的四个平衡原则，郭秉文在东南大学治校期间还认为，大学在中西文化方面，既要学习西方科学，又要继承并发扬中国传统的优秀文化，因此东大对中外各种学术文化持中务平、不偏不倚、兼收并蓄，使得许多国学大家以及海外科学人才纷纷南下，比如，南高师—东大是“学衡派”的策源地，又是“中国科学社”的大本营。

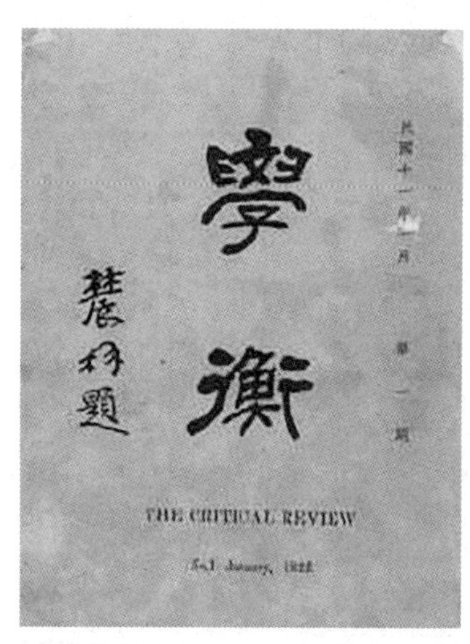

《学衡》创刊号

在“五四”新文化运动“打倒孔家店”的浪潮中，郭秉文始终认为传统文化乃民族之根本，应发扬光大而不可毁弃。在郭秉文的倡导下，一大批对传统文化始终怀有敬意的学者纷纷南下，聚集于《学衡》杂志周围。

《学衡》1922年1月在南京创刊，由上海中华书局发行。初为月刊，第61期起改为双月刊。1933年出至第79期停刊。该刊以“讲究学术、阐明真理，昌明国粹，融化新知”为宗旨，批评新文化运动中的激进主张，其中，梅光迪、胡先骕、吴宓、刘伯明、柳诒徵、马承、萧纯绵、邵祖平、徐则陵、汤用彤、缪凤林、景昌极等人多是当时东南大学的教授。阵容整齐，盛极一时。当时北大历史学教授梁和钧感慨道：“北大以文史哲著称，东大以科学名世，然东大文史哲教授，实在不亚于北大。”

这批学者通过撰文、著书、聚会、演讲，宣扬“东方文化……实含有中国民族之精神，或中国民族再兴之生命之义蕴”，不断告诫和提示国人，中国的新文化绝不能脱离历史文化的根基，必须有历史继承感，应该以冷静、理智的态度对待中西文化。从中国现代“反传统”到“接续传统”这一文化潮流来看，“学衡派”是一个重要的转折点，在中国现代文化史上占有不可忽视的地位。

1922年8月18日南京中国科学社生物研究所建成后的集体合影

“中国科学社”是1914年6月在美国康乃尔大学成立的中国最大的民间科学团体。1918年，“中国科学社”迁回国内。在郭秉文的努力下，“中国科学社”的大多数成员都被邀请来南高师及东大任教，成为学校师资来源的“金矿”。当时东大文科的梅光迪、陈钟凡、汤用彤、陈衡哲、陆志韦，理科的任鸿隽、胡刚复、熊正理、竺可桢、孙洪芬、张子高、熊庆来、王琎、何鲁，农科的邹秉文、秉志、胡先骕、钱崇澍、过探先、陈桢、陈焕庸、张景钺、戴芳澜、邹树文，工科的茅以升、涂羽卿，商科的杨杏佛、胡明复，教育科的陶行知、陈鹤琴、郑宗海等都是“中国科学社”成员。科学社其他留学生也随之“孔雀东南飞”源源而来，连胡适在给郭秉文的信中都写道：“如果不是蔡孑民（元培）先生和我早已有约在先，我一定会到南高师执教。因为，早已有好些位和我一同留学的同窗好友，如任鸿隽、陈衡哲、梅光迪等，都已经被您拉到南高师了。”东大的许多系科与中国科学社的研究所虽然分属两家，实则形同一体，人员相互兼职，教、研互促互补。

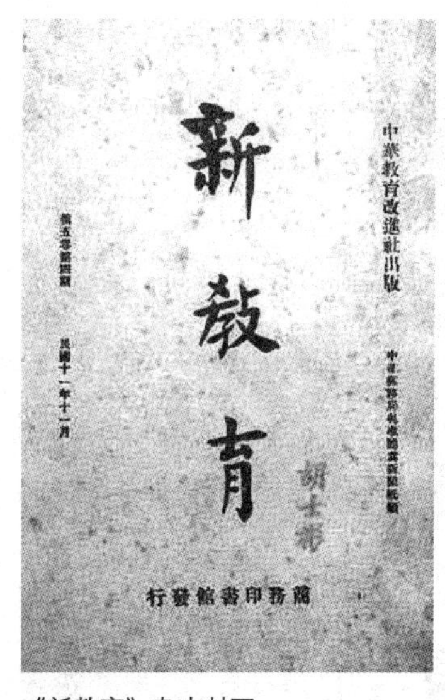

《新教育》杂志封面

“中国科学社”以东大人力资源、资料设备为依托，团结全国的科学精英，创办学术刊物，开展科学讲演，召开学术会议，建立研究机构，鼓励科学发明等，成为中国科学发展的一个主要基地。

在维系传统和崇尚科学之外，东南大学还扮演着新教育运动实践者的角色。郭秉文执掌南高师、东大以来，试图融合中西教育制度所长而形成一种新的教育制度。在他的感召与邀请下，许多学者如陶行知、刘伯明、陈鹤琴、汪懋祖、郑晓沧、孟宪承、廖世承、俞子夷、陆志韦、韦悫、郑宗海、朱斌魁、程其保、徐则陵、赵叔愚、卢颂恩、张信孚、洪有丰等先后来校任职，南高师、东大遂成为中国研究、推广新教育的中心。

20世纪20年代，为顺应世界教育革新的时代潮流，当时国内的留美归国学生掀起了一场轰轰烈烈的现代教育改革运动。1921年12月，由新教育共进社、《新教育》杂志社和实际教育调查社三社合组成立了中华教育改进社，郭秉文是其九位董事之一。

1922年，中华教育改进社聘请美国著名科学教育专家、俄亥俄州立大学推士（G.R.Twiss）教授为科学教育督导，邀其来华进行科学教育调查和研究。推士在两年的时间里去了10个省份，访问了24个城市，调查了248所学校，演讲276次，在宣扬科学教育重要性的同时，着重介绍了美国研究科学教育的方法。他曾以东南大学为活动中心讲授科学教授原理，从学者200余人，开启了训练中学科学教员的先例。

自1923年后，中华教育改进社每年均举办科学教育暑期研究会，或与清华学校及洛克菲勒驻华医社合办，或与东南大学合办，聘请国内外知名专家讲学，以培训中小学科学教育师资，并与中国科学社合办科学教育全国展览会。在郭秉文等人的努力下，中小学科学教育取得了长足的进步，并最终促使中国从“课本的科学教育”转向“真正的科学教育”。

1922年下半年，中华教育改进社邀请麦柯尔教授来华指导中国教育测验运动的开展，为此还专门成立了编制测量委员会，由东南大学教育科主任陶行知负责。在编制测量委员会的组织和推动下，麦柯尔会同东南大学、北京大学等校教授编制了各种应用测验表，并在全国各地试测，测验方法皆采用麦柯尔创造的T.B.C.F制。

同时，东南大学教育科与中华教育改进社合设“测验之编造与应用”学程，培养和训练了大批测验人才。中华教育改进社还设立了“施行教育心理测验讲习会”，推选东南大学教育科教授陆志韦根据中国的文化背景修订比纳-西蒙智力量表。随着麦柯尔来华，作为美国实用主义教育工具的统计法被声势浩大地移植于中国，将五四时期兴起的测验运动推向了高潮，而中华教育改进社和东南大学教育科在其中发挥了重要的作用。亲历其事的陈鹤琴曾这样说过：“由于国内外专家的努力，测验运动总算在中国奠下了基础。那时候，东南大学的贡献也很大，校长郭秉文先生，不但不反对，而且竭力鼓励我们来做新的尝试。此外，陶行知、陆志韦、俞子夷、廖世承、徐则陵、郑晓沧、孟宪承、朱君毅教授的参加与推动，也是测验运动所以能顺利开展的原因。”

最后要说的是，基于“国内与国际平衡”的办学方针，郭秉文认为大学不仅要成为国内学术研究与交流的中心，还要成为国际学术与文化交流的中心。大学只有广求世界知识，广纳人类无限的智慧，才能使学生开拓心胸，放眼世界。因此在任职南高师和东大期间，郭秉文一方面邀请外国学者、专家来校访学、演讲，一方面选送师生出国研修，可以说是大学“请进来、送出去”的范例。

郭秉文不但具有宽广的国际视野和强烈的国际意识，而且自身虚怀若谷、交游广泛，每年都邀请各国的名人、大家来东大参观、指导、讲演、讲学甚至是授课。孟禄任“国际教育会”东方部主任时，郭秉文便极力建议他帮助中国发展高等教育。在郭秉文的努力下，“国际教育会”每年都派著名专家来东大讲演、授课或开设科学讲座。由于得到“国际教育会”的支持，南高师、东大的国际学术文化交流活动日益活跃，“几成为东西文化、学术交流的热点，各国著名学者来华讲演、讲学，几乎必来南高、东大。”

1919年4月，南高师与北京大学和江苏省教育会联合邀请美国教育家杜威来华讲学。为促成杜威来华，此前杜威应邀到日本讲学时，郭秉文专程到日本面请，杜威欣然应允。杜威访华后，作了后来流传很广的“五大演讲”，为各地教育界、思想界、文化界留下了许多真知灼见，其实用主义对近代中国思想文化的发展产生了极大影响。

1919年杜威来华讲学期间同南京少年中国学会会员合影

1920年4月，杜威再度来到南高师，专门讲授教育哲学、哲学史等课程。现存南高师档案中有一份当年南高师校长办公处给中小学部的通知：

径启者　今晚7时1刻在大会堂开会欢迎杜威博士，希通知教职员暨学生届时全体与会为荷。

此致

中小学部

校长办公处启

4月6日即发

杜威博士在本校担任科目选课时间规定如下：

教育哲学　星期五下午，8时至9时

伦　　理　星期四下午，2时至3时

哲 学 史　星期六下午，2时至3时

杜威此次来华，在南京生活达三个月之久，除讲学外，还与教育科师生座谈，宣传实用主义教育思想。当年夏天，杜威又由蔡元培、黄炎培等陪同，多次来南高师暑期学校讲演。

1920年10月，英国哲学家罗素来南高师作了关于哲学的演讲，以逻辑推理与科学方法寻求知识。1921年，邹秉文的老师、康乃尔大学农学院院长贝利来东南大学访问。

1920年英国哲学家罗素（前排右一）来华讲学与中国学者合影

1921年9月至1922年1月，美国教育家孟禄博士来华考察。郭秉文和陶行知、黄炎培专程到上海迎接，后又专程送行至上海。孟禄博士在华期间，多次来东南大学参观考察并发表演说。

1922年10月，美国伊利诺大学加纳博士在上海商科大学作了“关于世界政治发展趋势”的演讲。同月，杜里舒、卫礼贤及美国推士博士来东大并发表演说。杜里舒博士在东大演讲后，即留下来授课一学期，开设了“生机哲学”“哲学史”“欧美新近哲学思潮”等课程。1923年，鉴于杜里舒在学术及其交流上的贡献，东大授予他名誉博士学位，郭秉文亲自致辞。

1924年4月20日，印度大文学家、诺贝尔文学奖获得者泰戈尔来东南大学，在体育馆作《中印文明》讲演，轰动南京城。其他来南高师、东大的著名学者还有法国巴黎大学吕留教授、美国华盛顿大学乔温博士、菲律宾大学工科主任刘诺治等。

访华期间的泰戈尔

图片说明：1924年4月印度诗人泰戈尔访问北京时，同他的两名翻译徐志摩（右）、林徽因（左）合影。

郭秉文认为："专门人才教授数年，常有游学及赴外考察之愿望，盖学然后知不足，教然后知困，故欲再一探最近学术界之蕴奥，以溶发其思想之泉源，主持教育行政者，宜有以辅助而奖励之。"南高师、东大也有资送教师出国考察的规定。据记载："南高开办后，教员方面曾派有二人赴美留学……校董穆藕初……更捐银5000两，派遣该校体育教员张信孚赴美国专学体育二年。"为了筹集费用，郭秉文曾给国务院、外交部、财政部、教育部呈文，要求将德法两国退还的庚子赔款作东大的经费。

郭秉文同样注重向西方各国选派留学生，学习西方先进的科学与文化。据记载："郭校长以历届毕业学生，颇有志愿留学研究高深学问者，特商请校董穆藕初捐助留学基金5万元，穆当即允许。"竺可桢也曾建议东大派遣"地学系"的学生留学，"窃以我国地理人才缺乏……留学生中鲜有专门地理者……故欲得专门人才，非由本校物色毕业生中成绩卓越者，资遣欧美专门地理不可"。

国际交流中国声

郭秉文认为知识无国籍，科学无国界，一个民族欲使自己的民主文化永立于世界之林，还须去陈布新、融合中西，创造和发展新文化。对于开展国际文化之间的交流，他尤其重视。

为更好地促进国际交流，在主持南高师、东大期间，郭秉文多次赴欧美、日本等国考察教育情况，将国际教育经验带回中国，发挥了不可替代的作用。在这一过程中，郭秉文打通了国际与国内教育的联络渠道，因而在国际教育界获得了相当的声誉，成为中国教育在国际教育舞台的主要发言人。

根据田正平教授关于1912—1937年间中国官方与民间的教育考察情况的统计研究，其中1914—1923年间有14次，郭秉文参加了其中重要的3次。

第一次是郭秉文留美归国前夕。1913年10月至1914年夏，郭秉文受江苏教育会的委派，与俞子夷、陈容等在美国与英国进行教育考察，考察内容涉及范围广泛，重点在新教学法应用方面。回国后，他将考察情况向教育界作了报告，为国内教育的变革提供国外可资借鉴的经验。1914年8月，他在江苏教育会作专门演讲，系统比较英、美、德、法等国的学制，提出教育界应集中关注改良课程、开展儿童卫生、改善学校经济三个

“共同关注点”。通过教育报刊与教育社团，他即时将欧美教育家的重要思想与动态等信息传播到国内教育界，其中重点引进、实践推广教学法，尤其是道尔顿制。

第二次是1917年1月至3月，郭秉文受教育部的委派，出任教育考察团团长，率领北京高师校长陈宝泉、成都高师校长韩振华、武昌高师校长张渲、江苏教育会会长黄炎培，以及实业家聂云台、基督教青年会领导人余日章等赴日本、菲律宾考察职业教育情况，回国后重点推广职业教育。

第三次是1919年3月至1919年9月，受全国高等专门以上学校及各省教育会的委派，与陶履恭考察第一次世界大战后世界教育发展趋势。他们广泛游历英、美、法、意、瑞和日本，考察各国教育状况，每到一地，则向当地教育界咨询，“其关于教育事件，则载之笔记，用为他日讨究之助”。此次访美期间，他先后调查檀香山教育概况、访谈美国教育局长克勒士顿博士（Dr.Clayton）、考察美国教育会议的缘起与事功等。他特别留意美国当时日益兴起的职业教育状况，注意到美国教育家倡导的教育宗旨之一“预备将来谋生之法”，重新理解美国教育宗旨与生活密不可分的缘由，为他们日后大力倡导杜威等美国教育家的思想提供了实践的背景。

在日本期间，他与陶行知一道，会见日本教育家与主持教育官员，重点访问日本文部省教育调查会，重点考察日本教育改革进步的举措，并且将日本教育考察的报告刊登于国内教育媒体，指出日本近期教育改革进步表现为以下四点：初等中等教育之科学教授进步很大、着力加强体育、提高女子教育水平、推广职业实习教育。其中不少内容成为中国新教育仿效的目标与方法。在日期间，他促成了杜威访华计划的落实，此事对中国近代教育影响深远。回国后，马上整理出访成果，向教育当局提交报告，除演讲外，还发表《战后欧美教育近况》系列考察报告，汇列刊布以供国内教育界参考，为中国新教育改革提供了重要的借鉴与参考。

郭秉文的国际教育考察报告，成为对照中国教育与国际先进水平的重要尺度。由于中国人口众多，所以中国的教育改革，不仅关系中国前途，更会影响世界，因此他提出中国教育变革要密切注意英美教育的动向，制定的教育方针要符合世界趋势、适应国家的需要。有鉴于此，他在考察结束后，在中国大力推行职业教育、生活教育、国民教育，倡议增设国立大学并倡导学术研究。

郭秉文高度评价高等教育国际交流对加强国际关系和促进人民友好往来的重要作用。1919年考察战后欧美教育后，他提出：“英法美诸国注意以教育辅助外交，如交换教员、派员考察教育，此为国民外交上之要点。”

第一次世界大战结束后不久，美国教育界决定召开万国教育会议，郭秉文了解这一信息后，及时将《万国教育会议》宣言等教育资料翻译成中文并刊登在国内杂志上。由于在当时中国教育界的成就和影响力，郭秉文被国内教育界推举为该会议的主要发言人。在赴美参会之前，他在上海商科大学发表演说，认为此次会议是国民外交的重要举动，此次参会目的在于传播中国近年教育状况，报告中国教育的进步。

1923年6月28日至7月6日，在美国旧金山举办万国教育会议（或译为世界教育会议）。出席会议的有50多个国家的200多名代表，中国政府与民间教育团体十分重视，推举郭秉文为首席代表，率领中国代表团十余人与会，并提交《中国代表团报告书》。

在6月28日开幕式上，郭秉文发表了主题为“中国是爱好和平的民族，应以教育促进世界和平”的演说。

> 这次会议的基本任务在商讨如何以教育促进世界和平。各国代表不啻为敦睦邦交促进和平的使节，因此其惟一的使命在研拟通过教育实现世界和平的方案，不仅须使国家之关系为敌者化为友人，原为友者更增强其友好关系，更须使各国充分认识一国之伟大不在其领土广袤、军备之扩充或财力之充沛，而在其能以正义无私对待他国。更须透过教育及其他有效方法化除国家间之自私、骄傲、仇恨和报复心理，并从而建立友好同情与互信之新精神。个人深信全世界五百万教师与教育工作者充分体认战争之罪恶与和平为世界所必需，并悬为目标，在本身岗位悉心全力以赴，则全世界下一代的人民必具有在国际关系上通力合作的美德。

这次会议正式成立了“世界教育联合会”，郭秉文当选为副会长，这是中国教育界在国际上得到极大肯定的一件大事，陶行知先生称：“到会者实有五十余国之多，而我国代表，竟得此荣誉，实为空前未有之举。”

7月2日，郭秉文在此次会议太平洋组上发表《太平洋各国大学如何最能增进国际了解与友谊》的演讲，进一步倡导和平教育理念并提出具体的方法：“所谓交换教授、交互留学、交互参观、交换出版物、发起合办教育事业、增加外国文明之课程、研究国际问题、培养大同主义之精神，以及组织万国大学联合会皆是。”

20世纪20年代，郭秉文连续三次作为中国教育界的首席代表出席世界教育会议，并连续被推举为世界教育联合会的副会长，成为中国教育界在国际教育舞台上的主要代表和发言人，亦为中国教育界在国际舞台上赢得了较高的声誉。正是一批像郭秉文这样的教育家将外国先进的教育理论引入中国，推动着中国新教育运动向纵深方向发展，将民国初期中国教育改造成了一个开放的、具有现代性、国际性的“场域”。

易长风波十年停

1925年1月6日，北洋政府突然下令免去郭秉文东南大学校长之职，此时距1915年1月郭秉文应聘南高师，恰满10个年头。此次“易长风潮”，导致郭秉文的办学生涯就此中断，他所执掌的东南大学也由盛而衰。

易长风潮是民国政治斗争的副产品。郭秉文主持南高师—东大期间，正是中国近代史上政治混乱不堪、政局变化无常的时期。1917年7月到1920年7月间，中央政权由皖系首领段祺瑞操纵。1920年8月至1924年10月间，政风扭转，北洋政府重新由直系军阀控制，东南大学所在江苏省处于直系军阀统治之下。1924年10月，冯玉祥入京发动政变，直系军阀曹锟被迫于11月2日辞去总统职务，与此同时，直系奉系战事也以直系失败而告终。11月段祺瑞正式出任执政兼国务总理。12月22日，北洋政府下令讨伐直系的江苏督军齐燮元[①]；12月31日，奉军将领张宗昌以护送卢永祥就任苏皖宣抚使名义直下南京，齐燮元被迫下野，避居上海。在齐燮元被讨伐之时，厄运也落到郭秉文头上。

郭秉文历来主张教育独立，也不愿意过问政治，但作为一校之长，免不了要与地方军政要人交往。在东大办学时期，预算经费江苏省承担三分之一。基于办学目的，郭秉文需要与江苏省实权人物齐燮元处好关系，而齐燮元的确给过郭秉文办学上的支持，比如，东南大学图书馆的捐款等。郭秉文为学校事业与齐燮元的交往以及齐燮元资助教

① 齐燮元（1879—1946），原名齐英，字抚万，号耀珊。直隶宁河县（现天津市宁河县）人，直系军阀。光绪年间秀才，后考入保定陆军速成学堂。曾任北洋军第六镇参谋长、第六师师长兼江宁镇守使、江苏督军、苏皖赣巡阅使等职。民国年间，所率部队屡战屡败，然而职务却由旅长累升为副司令。个头不高，一只眼斜，嘴儿能说会道，因此流传有斜眼司令善狡辩之说。1937年7月抗日战争爆发后，在北平投靠日本，沦为汉奸，10月与王克敏、王揖唐等组织伪政府筹备处，策划成立伪华北临时政府。组建并指挥伪治安军充当日本侵略中国的帮凶。1940年3月任伪华北政务委员会委员兼治安总署督办、伪华北绥靖军总司令，指挥伪军在华北推行治安强化运动。1945年8月抗日战争胜利后，被国民政府逮捕。1946年在南京被处决。

育的举动，却被“有心之人”视为郭秉文对军阀的依附。更有甚者，国民党要员中还有人向段祺瑞提供郭秉文的“情报”，说他曾参与齐氏机要，为直系在“外国人方面运动”，而且还说过皖系显要的坏话。此时，段祺瑞正欲清除异己、巩固势力，遂于1925年1月6日主持国务会议匆匆通过免除郭秉文东南大学校长之职的决议。随即，教育部便以1925年第1号训令下发。

令国立东南大学

前派东南大学校长郭秉文应即解职，另候任用。现经改聘胡敦复为国立东南大学校长，除函聘外，仰即遵照。此令。

代理部务教育次长　马叙伦

中华民国十四年一月六日

郭秉文被免职的另一个重要原因，在于校内方面他与杨杏佛等教授之间的内部矛盾。郭秉文任校长以后，主要忙于人才与经费等校外外务，校内工作多靠刘伯明主持，郭秉文本人与教授缺少沟通，以致不乏失当之处，在这个方面郭秉文有着不可推卸的责任。其中较为突出的事件有两起。

其一，撇开南高师商科筹建上海商科大学。1921年，郭秉文在上海与暨南学校相商筹建上海商科大学，但是却一直未与杨杏佛等商科教员通气。1921年1月，杨杏佛已被委以东南大学商科筹备主任。6月21日，上海《申报》刊登东南大学与暨南学校合办上海商科大学的消息后，随即引起一场“商科风波”。6月24日，商科全体教职员在《申报》上发表致郭秉文书，以尖锐的措辞批评郭秉文擅断独行。此后，郭秉文虽然对商科教员表示了歉意，并邀请杨杏佛赴上海负责筹备工作，但杨杏佛以患肺病不宜去上海为由拒绝了。此事虽经调解但终未缓和。

其二，取消评议会。1924年4月，校董会因经费预算削减而议决停办工科，茅以升提出此种会议讨论工科存亡问题“是否合法，殊堪研究”。因为1921年3月订立的《国立东南大学大纲》规定“系与科之增设废止或变更”由评议会议决，1923年4月《国立东南大学一览》“组织与行政”部分仍沿用此提法。另外，参加评议会者大多是各科各系的教授，对校务常提出批评意见。后来，郭秉文以教授会、评议会成员大多重复为由，通过校董会议撤销了评议会。

1924年6月经教育部核准的校董会简章中，将原来评议会承担的“科系增加废止或变更”的权利转为了校董会的职权。这一做法，与郭秉文起初倡导民主管理的初衷相悖，招致一些教授的不满。

另外，原来由刘伯明主持日常工作时期，校长郭秉文与一些教授之间的矛盾，往往由刘伯明从中调解，起到疏通作用。吴宓在其日记中称“几载绾学校中枢，苦矣当遗大投艰之任。开诚心，布公道，纳忠谏，务远图。处内外怨毒谤毁所聚集”。郭秉文也非常倚重刘伯明。1923年11月刘伯明突然去世，不仅使郭秉文失去了最得力的办学助手，也使“学校遽失重心”，人际关系方面的矛盾无人调解，以致在预算削减之时，难以协调各科各系的矛盾，被迫做出裁并科系的抉择，遭到教授不满。

校内方面郭秉文与杨杏佛的矛盾最为突出，这源于杨杏佛激进的政治态度和他对校务的尖锐批评。杨杏佛为人正直，办事热心，思想敏锐，极具才干，但有时不免情绪偏激，其挚友任鸿隽曾指出他的缺点是“出言过实和时或纵言所不知”。杨杏佛对郭秉文的批评，不少是正确的，但有时也有偏颇。杨杏佛批评郭秉文为筹集办学经费而与齐燮元等人的交际是中国教育界的黑暗，“校长人选以能否奔走官厅结交银行募捐借款为标准”，“教育苟不改革，则中国政治与学术，必皆商业化，昔人所鄙薄之市侩将为中国惟一之模范”。杨杏佛对郭秉文的这种看法以及因工科停办被迫离开东大，激起了对郭秉文有所不满的其他教授的强烈反感。

1932年杨杏佛与儿子杨小佛在上海兆丰公园留影

1924年11月，杨杏佛随孙中山到北京，酝酿向郭秉文“讨回公道”。他一方面利用与国民党上层人士吴稚晖、汪精卫之间的关系，另一方面与校内对郭秉文不满的教授加强联系。

当时代理部务的教育次长马叙伦也是同盟会会员，杨杏佛即向马叙伦控告郭秉文依附直系军阀，而此时国民党与皖系正合作清除直系势力，于是，很快就有了郭秉文被免职的结局。

政治斗争、派别矛盾、意气相争，多重因素导致郭秉文突然被免职。作为校长的郭秉文在某些方面确实存在独断擅行的做法，对此，作为教员的杨杏佛等教授也有权批评，也可通过民主程序反对郭秉文的举措，但却因未能在校内化解矛盾而走上了诉诸政治斗争予以解决的错误途径，这样的教训值得我们深思。一直强调教育独立和不问政治的郭秉文竟以政治倾向故而被免职，这无论是对于郭秉文还是杨杏佛来说，其实都是一种历史的悲剧。

1925年1月7日早晨，正准备由上海返回南京的郭秉文，在登车前看到了报纸上刊出的免职消息。意外的打击使郭秉文觉得已无回南京的必要，便滞留在了上海。当天，郭秉文便给教育部发出要求“迅聘接替”的电报。

北京教育部钧鉴：

秉文自民四任南京高师教务主任，民八奉委为南高校长，民十由东南大学校董会推请大部委兼大学校长，并准兼上海商大校长，先后从事10年。深愧斡材，少所建树，年来因社会属望之殷，校务发展较速，而政局多故，公家积欠经费20余万元，挪借垫欠，万分困难，只因大部及校董会付托之重，勉力维持。兹见报载6日阁议，大部提将秉文免职，改由大部聘任，如释重负，感谢莫名，应恳迅聘接替，以便交代，而免学校停顿，学子失学。

至盼至祷。

郭秉文即虞《申报》1925年1月8日

同时，郭秉文亦给维持校务的行政会副主任任鸿隽以及全校教职员发了电报：“顷见报载6日阁议，教部提将秉文免职，必部聘任，如释重负，已电部迅聘接替，以便交卸，而免学校停顿。”“学校应如何维持，请承校董办理。夙承赞助，感谢莫名。”

郭秉文被免职的消息刊出后，东南大学师生哗然。最先得知消息的是东南大学分设上海商科大学的师生。1月7日晚7时，上海商科大学全体学生在该校大会堂召开紧急会议，决定致电教育部质问免职理由，切实挽留郭校长，并通知东大本部同学一致行动。

消息传到南京，东大学生自治会当即发表全体学生宣言，对免郭表示强烈反对。随后，东大学生自治会致函郭秉文，表示对“免郭”的抵制决心，并挽留郭秉文继续主持校政，以后，则又有学生致函郭秉文，希望他返校视事。

东大部分教师亦以全体教职员名义致电教育部。东大行政委员会任鸿隽、孙洪芬、邹秉文等则立即联名致电黄炎培、沈恩孚、蒋梦麟诸校董，要他们出面维持。

1月12日下午4时，东南大学校董会和东南大学分设上海商科大学委员会在申报馆召开紧急联席会议，除校董外，与会者还有师生代表。会上群情激愤，认为教育部免郭与批准的校董会章程中任免校长的程序相违，决定致电执政府教育部严重抗议；同时，决定由校董委员组织临时委员会，协同两校行政委员，办理校务。1925年1月17日，校董会在《申报》上刊文，表示对于此次东南大学校长免职、任职之事绝对否定。

在东大师生对北洋政府免郭提出抗议的同时，从1月8日至2月上旬，上海、江苏、北京、安徽、江西等地的南高—东大校友也纷纷致电致函，要求教育部收回乱命，极力挽郭，表示做其后盾。许多知名人士对免郭之事都持反对意见。江苏省省长韩国钧特致电段祺瑞和教育部，为郭秉文辩解：“郭校长前后任事十年，学风纯洁，绝未加入政治漩涡，今无故免职，于苏省教育前途，影响极大。务恳查明教育部核准该校校董会章程规定之校长任用手续，郑重考虑，俾不至于时局廓定之际，再发生教育界之纠纷。”

虽有教育部任命，但鉴于对“免郭”的反对声音，起初胡敦复曾表示不就任东大校长。1925年2月1日，东大校董会再次举行会议，决议否认教育部易长的训令，请郭秉文照旧任职，先请赴国外考察教育；由东大校董会和商大委员会组成临时委员会，协助两校行政委员会维持校务，由沈恩孚担任临时委员会主席，并由校董会将上述决议上报马叙伦，并通知郭秉文。

“免郭”事件发生后，除了拥护郭秉文、质问教育部的声音以外，报纸上也出现了一些批评和攻击郭秉文的报道，指责郭秉文投靠督军，攀附权贵，办事专断，擅停工科，擅自撤销校评议会，用人不慎，账目不清，弃置校务，滞沪经商等，而且有些指控竟出自汪精卫、吴稚晖之口。针对这些指责和攻击，东大校董会公开发表声明，认为皆虚妄不实之词，逐一予以辩驳。此时，郭秉文也觉得需要澄清此事，所以他在2月12日致函吴稚晖质问此事，后于17日刊发于《申报》之上。

“秉文问心无愧，是以对于种种风说，除校董会代为声明外，秉文一未置办。盖公道自在人心，原不必斤斤计较也。独足下所谓耳闻目击，当卢永祥出走，委徐树铮支持，郭先生竭力地在外国人方面运动制止云云，此等浮言，实为秉文所梦想不到者，何意竟为足下所目击耶？或他人竟以目击诳足下，而足下亦得之耳闻耶？足下亦苏人也，尚愿为苏人存是非之公道，倘或别有用意，不惜做违心之举者，则非秉文所敢知矣。”

2月21日，郭秉文赴美考察前两天致函汪精卫。《民国日报》曾发表汪精卫答东大学生函，其中提道，“齐（齐燮元）未败时郭未尝讳言”，“即就郭与铭（汪精卫，字兆铭）所言，亦自谓参与齐督外交机要也”。郭秉文就此质问汪精卫：“文与足下，自1919年同船赴美后，绝未再面，何来即就郭平日与铭所言？……1919年同时赴美之时，则东大尚未诞生，苏督非齐，何至有参与苏督外交机要之谈话？”

2月23日，郭秉文以受校董会委托名义赴美考察教育。据1925年2月24日《申报》刊载，郭秉文临行前提道：

“赴美之事，已在去年决定，当时因时局不靖，恐碍校务，延未成行。兹因美国芝加哥大学约往演讲，本年7月世界教育会又将在苏格兰京城爱丁堡开大会，本人既任副会长，自须前往参与并讨论布置开会事宜，又值东大校董会、商大委员会委托考察教育，故即首途先赴美国，后到欧洲。年来本人为校务心力羁缚交瘁，私衷甚愿出洋考察或再继续求学，每苦无有机缘。今次之行，固因以上种种任务，尤合本人平日志愿。”

郭秉文黯然离去，“易长风波”却一发不可收拾。郭秉文赴美后，东大校内发生了校务维持派和校务改进派之争，随后又爆发了胡敦复秘密就职遭到学生殴打驱逐的“三九事件”。其间，任鸿隽、程湘帆也曾从中斡旋，但未见成效。在学校无主、校务瘫痪之时，东大教授自行召开校务会，请蒋竹庄返校代理校务，请辞职三科主任和教授代表一律复职。“易长风波”最终平息下来。这次“易长风波”历时近一年。1926年1月7日，东大师生举行校耻周年纪念大会。陈逸凡教授在会上演讲说：

东大校潮有无纪念价值，诚属疑问，成功未也，失败未也，然有精神上之价值。东大校潮非拥郭非拒胡，乃反对北京教育部；非反教育部，乃反马、章；非反马、章，乃反对马、章之非法行动。吾校师生牺牲若此，始终一未改变；吾校破坏若此，今仍能聚首一堂，是使人钦佩。东大人不受武人政客利用，东大人不做武人政客傀儡，此足可引为自豪者。此可谓东大风潮一年来的总结。

由此可见，东南大学师生在“易长风波”中表现出的维系学术独立的不屈精神，正是郭秉文所长期倡导“教育独立”和师生“自动自治”的结晶。

东大“易长风波”延时日久，由其矛盾的复杂性所致。外部多重政治力量之间的矛盾，校内不同学术思想、人际派别之间的矛盾，交织和纠缠在一起，造成了这场风潮。有校友慨然日：“团结建功，派争败事，实乃东大“易长风波”之主要历史教训。”另外，对卷进这场风潮的主要人物的是非功过，也许很难做出简单的评判。

此次风潮，体现了军阀强权粗暴干涉大学与师生维系学术独立之间的激烈冲突，这恐怕是“向不讳言”的杨杏佛等始料不及的；拒胡造成校内的严重分裂，也绝非主张维持校务者的初衷。“易长风波”以郭秉文远蹈海外、胡敦复就任他校而趋于平息。

郭秉文的免职成为20世纪20年代中期中国内部政治发展过程中军阀政治与政党政治斗争的牺牲品。美国学者巴雷·基南指出：1925年元月，郭秉文被免职，“这件事的意义已超出这位‘国立东南大学之父’的个人悲剧的范围”。意味着新教育改革运动的衰退，自此以后，郭秉文不再是中国教育界的领袖人物。当然，这只是学界的一种观点。

“易长风波”使东南大学失去了一位甚有作为的校长，也失去了一批著名教授，如心理学博士陆志韦去了燕京大学，生物学博士秉志去了厦门大学，熊庆来教授去了清华大学，叶元龙教授、任鸿隽教授、竺可桢博士分别去了重庆大学、四川大学、浙江大学任校长，化学系王琎教授去了浙江大学。还有过探先、汤用彤、叶企孙，也去了他校。但由于东南大学名声在外，1926年段祺瑞下台、章士钊被免职后，东大稍加恢复、不少学者仍以受聘此校为荣，如宗白华、方东美、施学齐、孙佩章、艾伟、吴有训等著名学者，陆续应聘于东大。

中美交流觅新途

因为“易长风波”，郭秉文赴美考察，并由此开始涉足政治事务，其核心思想乃是推进中美文化层面的交流。郭秉文走访美国各大机构、高等学府，通过自己最擅长的演讲方式，让美国人真正了解中国国情并意识到中美关系的重要性，特别是阐述包括美国在内的西方列强对中国的不公正待遇，其中，郭秉文对中美文化交流的持续贡献来自华美协进社。郭秉文在哥伦比亚大学师范学院的人脉关系以及20世纪20年代世界教育联合会副会长的身份，让他在美国享有盛名。而经郭秉文提议于1926年创立的华美协进社则进一步证明了这一点。

除了依托华美协进社作为中美两国跨文化交流的中心，郭秉文还通过参与费城博览会、邀请梅兰芳赴美演出等方式，让西方了解中国，认识中国。20世纪20年代，郭秉文在学术圈和外交界赢得了相当的尊重。通过他所积累的人脉关系和社交网络，他最终成为美国历史上最有影响力的中国人之一。

文化讲座促交流

民国时期，国内政局动荡，郭秉文对此也深感忧虑。赴美以后，郭秉文为建立更好的中美关系而不断努力。在美期间，郭秉文同时担任多项职务，比如华美协进社社长、芝加哥大学哈里斯基金会研究所讲师等，其中在哈里斯基金会的演讲所带来的声誉推动郭秉文迈上了出色政治家之路。

到美国后，郭秉文首先参加了芝加哥大学哈里斯基金会研究所的第二届讲座活动。讲座目的在于研讨国际问题，增进国际了解，促进世界和平。讲座分为两组，一组的主题是“远东问题之西方观”，另一组的主题是“远东问题之东方观”。郭秉文在哈里斯基金会所做的《中国与美国》的演讲[①]，内容包括：近代中国的政治、经济与社会发展趋势；中国在远东的地位；中美关系。讲演内容被刊入芝加哥大学1925年12月出版的《东方人心目中之远东问题》，不仅开创了以中国大学校长身份主持美国大学讲座的先例，还较早地确立了现代中国学的区域研究范式。

郭秉文首先谈到了近代中国的政治、经济与社会发展趋势。他认为中国受君主制统治了四千年，在和其他国家的交往中得到了许多经验，在此影响之下，中国从1911年开始，成功地改革了旧政体，实行共和制，逐步走向现代民主之路。通往民主的路上总是充满荆棘，在后来的十四年间，中国一直处在动荡不安之中。但郭秉文对于中国未来的发展则充满信心。

> 虽然中国处理问题的方法显得笼统而仓促，但作为一个共和国，中国还处在过渡和调整时期。尽管中央政府不稳定，内政动荡，但中国在国民生活的各个方面都已经取得了极大的进步。实际上，近四五百年西方发生的政治、经济和社会变迁同样发生在如今的中国，而且互相影响着对方。不是所有的变化都意味着进步，改变同时也会带来新的危险。但我们确实能从这些巨变中看到中国的未来有无限的可能。中国还处在一个可塑的阶段，面临着新的环境和问题。中国不再是一个孤立而神秘的国家，而是一个有着新的理念、新的希望和新的抱负的国家。
>
> 中国的未来命运会如何？如今发生的这些变化会有什么结果？这些变化对中华文明和西方文明有什么影响？这些问题很有趣，却很难回答。但有一件事是确定的，那就是中国人民坚定地相信，只要有足够的时间和自由，排除干扰，中国人就能够克服现在面临的困难，赢得胜利，建设一个统一的民主国家。

---

① 该演讲于1925年发表在哈里斯基金会，原标题为《东方对远东问题的看法》，刊登在芝加哥校报上。以下部分引文，均出自该演讲。引自 郭秉文.中国与美国[G]//郭夏瑜等著.郭秉文先生纪念集（英文部分）.台北：中华学术院，1971:42–46.

郭秉文随后谈到中国在远东的地位，他认为，当时远东地区争论的各种问题的源头，在于19世纪末列强迫使清政府签订的各式各样的不平等条约，其中大部分在20世纪20年代和30年代依然有效，而这些条约影响着当代国际政治的发展。

正在争论的问题是影响远东地区当代国际政治的重要问题，因此我们有必要慎重考虑。除了同德国和苏联签订的新条约，中国与其他国家签订的条约都是在不平等的基础上建立的。那些条约都是在很久以前签订的，大多数都是因为战败所付出的代价，是在非自愿的情况下签订的，这是剥削弱国的惯例政策。在这些协议下，各国享受着侵犯中国主权和领土完整的特权和权益，限制中国行使主权，阻碍中国的全面发展。中国人认为是时候重新修订那些协定了。大多数协议签订时协商的条件已经不复存在。时代已经发生变化，中国的开化程度也比从前高了很多。现如今，中国的受教育阶级重视政府和国际关系的基本原则，他们拥有的热情丝毫不比西方人少。他们已经懂得了那些协议的内涵，这些协议束缚了中国，使中国的自由行动受到了限制。

郭秉文还指出，中国与盟友参加第一次世界大战，中国曾被鼓励获得世界地位。但当战争结束后，中国国际地位仍然没有改善，而且在某些方面竟不如那些在中国拥有特许权、租借地的战败国家，因此中国人感到极大失望。郭秉文还认为，只有当西方列强停止对中国的压制，民国政府才有可能成功，中国在恢复其应得的大国之路上还要走很远。

郭秉文最后谈到了中美关系。他认为，自一百四十年前美国首次与中国交流，美国就试图实现最高的公平和正义，也迎来了如今持久的友谊和诚挚的相互关系。郭秉文认为中美两国是互相依赖的。

人人都意识到未来美国想要进一步发展对外贸易，很大程度上都要依赖扩展在中国的市场。中国地域辽阔、资源丰富、人口众多，是世界上最有潜力的市场。反过来，如果中国想要开放丰富的资源，使人民更加富裕，就必须依赖美国的资本、大量的机械设备，还有互惠的市场，美国的市场同中国一样潜力无穷。中国需要处理将来中国工厂制造出的原材料和半成品，而美国的制造业需要大量的原材料和工业半成品。

郭秉文还认为，中美之间最重要也最具影响力的文化交流活动是中国派遣留学生到美国接受更高层次的教育，这一现象将改变未来的中美格局，可惜美国方面对中国的了解甚少。

在所有的西方国家中，美国学校的中国学生最多。有部分原因是中国距美国的距离比距欧洲近，还有一部分原因是受到早期去美国的学生的影响，但最主要的原因是美国在中国很受欢迎，因为美国归还了中国的庚子赔款，而且中美两国的友谊由来已久。据估计，至少有两千五百个中国学生进入了美国的大学和学院学习，一大批学生已经回到中国，正在为祖国的新生奋斗。虽然留学美国的学生个人事业可能失败，但这个群体引入了西方的价值观念、彻底的改革机制以及社会和政治的现代化转型，他们所做出的贡献值得颂扬。

很遗憾现在中美间的文化交流几乎只是单方面的了。美国人去中国教授知识，而不再是去学习。许多中国学生去美国接受教育，但美国却不派遣学生去中国学校学习中国文化。中国每年花费数百万美元教育中国学生，了解美国，而相对而言，美国并没有教育美国人了解中国。

郭秉文表示，在这场危机中，中国期待美国的领导人进一步满足中方对正义与平等的要求。他希望普通美国人注意到自己国家的对华政策，以便他们说服领导人来解决这些不公平现象。

我经常被问到美国人如何能够帮到中国。我的答案是，第一，坚持贵国不干预政策，给我们以自己的方式解决自己问题的自由，就如你们所要的一样。第二，坚持美国采取强烈的领导力来卸下强加给中国的限制。即使是那些对中国有最强硬态度的美国人也自称爱她。如果我们不能同时拥有爱与正义，我们希望他们收回点爱，首先给我们正义。

郭秉文讲学结束以后，1925年7月中旬前往英国爱丁堡参加世界教育会议年会。他在开幕典礼中代表中国代表团致辞，并透过国际教育合作提倡国际友谊与世界和平。会后原计划到欧洲大陆做教育考察，但此时美国各界领袖一百人发起的中美关系研讨会，定于9月17—20日在巴尔的摩的约翰·霍普金斯大学举行，并邀请他回美出席。返回美国后，他在会议上发表了题为《中国现状的国际观》（International Aspects of the China Situation）的主题演讲，受到了与会人士的热烈欢迎，并给美国教育界以重大的震撼。该演讲全文收入该大学刊印的《中美关系》一书中。参加研讨会的美国人士，返回各地以后，纷纷邀请郭秉文作有关中国的演讲。

在百忙之中，郭秉文还撰文在报刊上发表介绍中国的文章，如《亚洲》杂志（Asia）第二十五卷（1925年12月）刊有他的《一个中国人所见的中国问题》（A Chinese Statement of the Chinese Case）一文。

筹划华美协进社

在美国各地讲演过程中，郭秉文遇到不少中国留学生，在与这些留学生交流学业和其他问题的过程中，郭秉文认识到中美文化交流中需要解决或者需要关注的两个问题：其一，讲解中国现状以增进中美之间的友谊；其二帮助海外留学生，协助解决其困难。为了达成上述目标，郭秉文认为有必要建立一个机构，于是，郭秉文着手草拟华美协进社组织章程，并委托孟禄博士在中华文化教育基金会年会上提出。

纽约东65街125号华美协进社

1926年2月，中基会第二届年会在北京举行，郭秉文和孟禄博士都是该会董事，但因有约定演讲和留学生服务工作，郭秉文无法回国参加会议。他与准备赴会的孟禄博士商谈，孟禄博士不仅赞同他的计划，并建议成立一永久性组织，以使工作正常化。郭秉文即拟订建立华美协进会的计划，其宗旨在于：（1）介绍我国文化及国情，使美国朝野对中国有正确的认识；（2）由国民外交入手，促进中美邦交；（3）联系留学生，并予适当的辅导。这一计划由孟禄在中基会年会上提出，经费预算获得通过。

孟禄一直对历史悠久的东方尤其是中国教育有着浓厚的研究兴趣。早在1905年的专著《教育史教科书》中，就曾为中国单独立章。1921年9月，孟禄曾应实际教育调查社聘请，来华调查了北京、保定等18市的200多处教育机构和教育设施，涉及9个省份，发表演讲60余场，并频频与各地教育、实业界人士举行座谈会和讨论会。

回美国后，孟禄力主美国退还中国庚款余额，用于发展中国文教事业，并成为这一活动的中心人物。在美国国会通过第二次退还中国庚子赔款议案后，孟禄又最早倡议成立由中美两国人士共同参与的庚款基金会，并拟订了详细计划。1924年美国国会通过法案，准备建立基金会。经中美政府共同协商，成立了“中华教育文化基金董事会”，由中美15人组成的董事会对此基金进行监管。中基会旨在促进、发展中国科学技术教育、科学研究实验以及永久性的文化事业。

从1924年9月该会成立至1944年，孟禄一直担任该会副董事长，并多次来华参加其年会、常会，参与领导了该会的各项工作，中基会事业的发展孟禄功不可没。随着孟禄数度来华，对中国教育文化及知识界的了解日益加深，他深感到美国社会无论知识阶层还是普通民众对中国的了解十分有限。郭秉文的建议与孟禄的想法可谓不谋而合。

经杜威、孟禄等倡议，中基会在北京饭店召开了董事会第一次会议，郭秉文担任中基会董事兼国际教育组主任，以三年为限常年补助2.5万美元设立华美协进社。虽然现在看来2.5万美元是比较小的数目，但是在当时已经是很大一笔钱了。为了保证华美协进社能够正常运行，郭秉文又特意一手栽培了孟治（Paul chih Meng）这样一位筹款人才，孟治也不负众望，为华美协进社的发展做出了很大贡献。

1926年5月25日，华美协进社（China Institute in America，Inc）在纽约创立，郭秉文成为首任社长，孟治出任该社秘书，主持日常工作。因资金匮乏，1930年起改为以会员团体方式经营。该社的顾问委员会成员包括中美两国文化教育界和商界的知名人物。哥伦比亚大学师范学院国际研究所所长孟禄教授出任董事长；公众领袖人物克兰·穆锐夫人（Mrs.Murray Crane）和唐尼−英公司经理C.F.（姚）出任副董事长；董事有太平洋关系学会名誉会长爱德华·卡特（Edward C.Carter）、哥伦比亚大学政

1926年5月25日华美协进社创立，郭秉文（左一）任社长，孟治（右一）任秘书

治经济学教授艾德温·塞利曼（Edwin R.A.Seliman）、纽约医学院院长爱德华·休默（Edward H.Hume）等。

华美协进社创建之初就成为中国信息的中心，既向中国学生提供关于美国教育的咨询，又向对中国教育感兴趣的美国人提供咨询，还协助在美中国留学生申请美国大学，提供介绍信和证明信，帮助他们获得实习的机会，办理移民手续，并发放紧急贷款等。为了实现促进中美教育界密切交流的使命，华美协进社还安排美国教授到中国访问，也邀请中国教授前往美国演讲。

1951年5月25日，郭秉文在纽约华美协进社成立25周年社庆纪念大会上，以创始人之一的身份，作了一个充满深情、满怀希望的讲话。他首先表示在华美协进社成立25周年庆典之际，能够非常荣幸地参加这个庆典，是令人高兴、值得纪念的。

为了促进中美交流、加深两国人民友谊、服务在美的中国学生，25年前我们有幸成功地创立了华美协进社，看到它经历时代的风雨，成长到今天的样子，我感到由衷的高兴。如果孟禄先生（Paul Monroe）还在世的话，我想他此时也会和我一样高兴。

在过去的25年里，协进社取得了可喜的成绩，这些成绩的取得离不开中华教育文化基金董事会和两国政府的大力支持和帮助，离不开理事会成员和全体工作人员的共同奋斗，更离不开所有致力于华美协进社事业的全体公众的努力。

我认为，维持中美和谐友好关系的需求一直都在，国家间的友谊就如同个人间的友谊一样需要经营、强化和更新，而且对于中国学生来说，身在美国的他们也一直需要帮助。因此，华美协进社将继续做好本职工作，不辜负大家长期以来的支持与合作。

接着，他全面回顾了华美协进社的创办原因及其发展过程，重点介绍了华美协进社25年来所做的主要工作及所取得的成绩。

值此协进社成立25周年之际，我想我也该跟大家简单谈谈它成立的历史经过。

1925年夏，我受邀去芝加哥大学哈里斯基金学院做系列讲座，之后我去了爱丁堡参加两年一度的世界教育会议，在那我再次受邀回到美国参加在巴尔的摩召开的中国会议，此次会议受到了百名美国杰出人士的赞助。自从参加那次会议以后，我先后收到了多次邀请在许多会议上做有关中国的讲座，其中也不乏大学生前来听我的讲座。不管我走到哪，我都能发现很多美国人想更多地了解中国和中国的现状，而另一方面，每当我去大学里，我也会发现中国学生非常希望得到我的建议和帮助来应对生活和学习中的困难。

1926年初的一天，在孟禄先生赴中国参加中华教育文化基金董事会会议的前一晚，我前去告别，我当时也是董事之一，我告诉他我不能去参加会议，因为美国这边有很多工作要做，他说："我觉得你现在做的工作非常重要，最好能将它组织起来，并且以某种形式稳定下来，否则这些精力就浪费了。"我说我也是这么想的，我会认真考虑的。和他告别之后，我回到住处，立刻拟下了有关成立华美协进社的初稿。我把草稿寄到孟禄先生乘坐的轮船上，希望他呈递给中华教育文化基金董事会，后来中基会给予了很大的支持，如数拨款，并选举我担任新成立协进社的社长。于是，华美协进社就这样诞生了。

在过去的25年里发生了很多事情。时间有限，我就只谈谈其中一些。

1. 在协会成立后不久，我们前去费城世界博览会（1926年，纪念美国建国150周年展）参展，展示中华五千年以来文化和教育的发展。当时展会中的工作主要由学生志愿者来完成。我们的展出得到了极大的肯定，并获得了由展会主办方颁发的特等奖。

2. 不久之后，我们助梅兰芳先生完成了1930年的美国之旅，旨在促进中国戏剧的传播和发展，后来证明这是一次巨大的成功。

3. 为了使协会更好地融入本土文化，更加稳定地发展，我们于1929年成立了董事会，将其设在纽约州，这是一次重大的事件，自此以后，各董事成员开始各司其责。

4. 1931年我被调回中国做其他工作，在离开美国之前，我物色了一个出色的人选来接替我的位置。他是一位外表英俊、朝气蓬勃的青年，对学术工作和促进中美两国人民友谊非常感兴趣。他很快答应了我，并在之后对华美协进社的工作建设做出了很大贡献。他不是别人，正是此时在座的我们的现任社长——孟治先生。

5. 之后的几年，华美协进社设立或者协助设立了大量的奖学金，其中部分发放给了在战争中遇到困难的中国学生。

6. 最后我还要说一件重要的事。在协进社成立之初，我非常希望有一天我们能拥有一栋楼作为华美协进社的办公场所，以及其他有关中美事务的办公地。1943年我从伦敦回来，作为中国代表团团长参加在美国弗吉尼亚州温泉城召开的联合国粮食会议。之后回到纽约，在华美协进社的董事会议上，我做了相关工作报告，报告中我提到希望为华美协进社建立一个固定的办公地点，以保证其长期稳定的发展。几个月后，我在伦敦收到电报，告诉我这个好消息：亨利·鲁斯基金会（Henry Luce Foundation）捐赠了一栋漂亮的楼房作为华美社的办公楼。大家可以想象，当时我接到这一消息有多么高兴。

最后，他对未来华美协进社的发展计划以及章程的完善，谈了自己的设想和建议。

好了，说了这么多，我一直在回忆过去，在今天这样的时刻，我想我也应该和大家一起展望未来，谈谈华美协进社在接下来25年里的计划和章程。虽然时间有限，但我想这个问题也是所有的董事和工作人员非常关心的，所以，在此我也简单地说几句：第一，我希望华美协进社将继续作为一个教育文化组织，致力于中美两国之间的交流；第二，我希望华美协进社将仍然是一个中美合作组织；第三，我希望华美协进社能继续为在美中国学生提供服务和帮助；总之，我希望华美协进社能继续发挥最初的职能，实现成立之初的目标和使命。最后，衷心祝愿华美协进社长存！

从这篇讲话中，可以看出郭秉文在华美协进社创建和发展过程中所起的举足轻重的作用以及他生前对该社的殷切期望，所以，说他是华美协进社的最初发起人和许多重要工作的实际主持者和领导人，并不过分。

兰芳赴美引轰动

郭秉文领导下的华美协进社为中美文化交流做出了巨大贡献，其中影响最大的有两件事：

第一，成功主办1926年费城博览会的中国教育展览。美国为庆祝150周年国庆，在费城举办博览会，郭秉文负责筹备中国馆的展览。郭秉文以华美协进社为依托，采用由“东西方文化史比较”“最近我国新学制一览”“中国教育制度之进化”三表组成的名为“五千年之中国教育（Five Thousand Years of Education of Republic of China）”的英文壁展，向公众展示了中国教育的历史、现代教育的迅速发展以及在西方影响下的新的中国文明的产生，吸引了大家围观，展览取得空前巨大的成功，并获博览会大奖“特等金质荣誉奖章”。

展品中重要的图表和教育物品有：中国教育史之发展观、孔子与中国之教育、中国大学教育之一斑、中国省区教育之一斑、实业教育与中国之经济改造、中国之平民教育运动、商务印书馆所出品之各种教科书与杂志、清华学校之校景模型以及其他陈列品等。经世博会评选，中国被授予“全面公共教育发展”大奖，而华美协进社也被授予“独特原创展览”的荣誉奖章。

第二件事是邀请梅兰芳赴美。1930年1月，梅剧团从上海乘英国“加拿大皇后”号轮船出发，经日本、加拿大到达美国西雅图。在美国首都华盛顿，中国驻美公使伍朝枢在公使馆举行招待会。除了美国总统胡佛不在首都、没有出席外，副总统以下官员、各界知名人士500余人出席了招待会。在招待会上，梅兰芳演出了取材于中国古典文学名著《红楼梦》的《晴雯撕扇》一戏。

1930年2月16日晚，中国著名京剧表演艺术家梅兰芳应郭秉文之邀，在美国纽约百老汇第49街剧院成功举办了首场正式演出。这也是中国艺术家在美国舞台上的第一次公开亮相，首次向西方观众展示、宣传、介绍中国传统京剧文化，其意义自然非同一般。演出之前，预售两个星期的门票仅三天就销售一空。当时最高的票价是5美元，但在黑市中已被炒到18美元，这在当时经济十分萧条的纽约是不多见的。按规定，首场演出是在晚上9点整。但是到了8点50分，剧院里面还没有几个人，梅剧团琴师徐兰沅有点紧张地问演员姚玉芙："今儿还有戏吗？怎么不上座？"姚玉芙宽慰他说："票都卖完了，美国人掐钟点，会来的。"到9点之前，剧院果然坐满了人。9点整，身穿礼服的张彭春走到舞台中间，向观众介绍中国京剧的特点，梅剧团在美国邀请的华侨杨素女士用流畅的英语报幕。当晚的演出剧目依次是《汾河湾》《青石山》《剑舞》（《红线盗盒》片断）和《刺虎》。梅兰芳优美的扮相和演唱，形象传神的身段姿态，深深地吸引了很多第一次看京剧的美国观众。每一出剧演完之后，观众都会热烈鼓掌，多次"叫帘"。尤其是最后一出《刺虎》，梅兰芳以其丰富的表情演出费贞娥复杂的心态，征服了美国观众，"叫帘"竟达15次之多。梅剧团在纽约的首场演出大获成功。尽管绝大多数美国人听不懂演员演唱的究竟是什么，但他们从梅兰芳等演员生动形象的表演中，能够体会到剧中人物的思想情感并受到吸引。

第二天，纽约报纸发表了许多评论文章。《纽约时报》评论道：

> 美得如同一个中国古色古香的花瓶。你能欣赏到的是绝妙可爱的身姿和戏服，你隐约感受到的不是此刻的喧嚣，而是陌生的古老文明。或许，你也会反思西方的戏剧而有点伤心，因为尽管我们的戏剧形式活泼生动，但它却是死板的，而且缺乏想象力的。梅兰芳给我们留下的最深刻的印象就是优雅、美丽、华贵、冷静、富有真正的想象力。

梅兰芳到美国演出，引起美国戏剧界和文艺界的重视，很多知名人士和他交了朋友。如当时好莱坞最红的明星范朋克、曼丽壁克福、卓别林都和他结下了深厚的友谊。著名戏剧评论家斯达克杨在他题为《梅兰芳和他的剧团剧目》文中写道："梅兰芳的表演，使我足以感到，这是本季度戏剧的最高峰。"除了连篇累牍对梅的表演给予高度评价的文章外，波摩拿大学、南加州大学授予他文学博士荣誉学位，感谢他把中国古典艺

1930年梅兰芳美国行

术介绍到美国来，联络中美人民的友谊。这些不仅是梅兰芳个人的荣誉，也是中国传统戏曲艺术的光荣。

梅兰芳的出色表演不仅使普通的美国人认识到中国文化并非限于他们在纽约或旧金山华埠看到的中国餐馆、洗衣店、大烟馆和赌馆，而且也激起了美国音乐工作者对中国音乐的兴趣。华美协进社为了满足美国的中国音乐爱好者的要求，用了一年多的时间，组成了主要由大学生组成的中国乐队，在纽约新社会研究学院的礼堂举行了一场音乐会，使用的乐器包括胡琴、琵琶、月琴、箫、笙等，演出的节目有乐器的独奏、合奏，京剧清唱、17世纪的民歌。这是纽约市也是美国举办的第一次中国音乐演奏会，演出很成功，《纽约时报》作了肯定性的报道。美国著名交响乐团指挥利奥波特·斯托考夫斯基（Leopold A.S.B.Stokowski 1882—1977）当时任费城交响乐团指挥，也出席了这次音乐会。

随着华美协进社所需资金的不断增加，1929年以后“中基会”不再能支持华美协进社的运营。为此，郭秉文重组华美协进社，将其性质改变为民间社团。此时他受命返回中国，1930年孟治继任社长。孟治当选社长后，就将华美协进社重组为一个独立的、自负盈亏的机构，在中美文化交流方面做出了突出的贡献。孟治对华美协进社的发展有中兴之功。

20世纪初，对中国来说，派遣更多的留学生赴美读硕士乃当务之急，而这些学子赴美后也同样迫切需要协助。1933年，孟治被任命为中国教育使团驻美荣誉主席，负责选拔清华奖学金留学生赴美，并帮助他们解决在美遇到的困难。为此，孟治走访了美国46个州的288所高校，会见了1700名留学生。为了使孟治更好地熟悉国内的情况，中国教育部邀请其回国考察从美国学成回国的留学生。1936—1937年间，他走访了全国14个省，会见了2400名回国的留美生，他们中的大多数在国内已成为政府、财政、工业、商业和教育等领域的中坚力量。

1937年春天，日本即将发动全面的侵华战争，“中华教育文化基金董事会”决定把一部分款项转移到美国，孟治负责在美通过华美协进社监管这笔奖学金，以使该款项能真正用来资助在美国有困难的留美生。但是，“中华教育文化基金董事会”所提供的款项，对于帮助在美的2000名留学生来说不过是杯水车薪。孟治便全力以赴拓展新的资金渠道，包括向当时的美国总统罗斯福的夫人寻求帮助，而罗斯福总统夫人也对当时在美国的中国留学生的艰难处境深表同情。应孟治邀请，1943年，罗斯福总统夫人在哥伦比亚大学湖边路上的国际学生公寓，对中国留学生发表了演讲。到20世纪40年代为止，华美协进社已得到中美两国政府的充分信任，成为中美两国交换学者和学生的渠道。截至1943年，通过华美协进社所颁发的奖学金高达250万美元。

孟治的另一个突出贡献是，他通过发起和组织实施一系列项目，让美国大众了解中国。为了在纽约市普及中国历史文化知识，华美协进社克服了重重困难，为纽约市公立学校教师举办了中国历史和文化的进修班。开设两门入门性质的课程，注册费每学期5美元。经纽约市政府批准，这两门课成为中小学教师在职进修授予学分的课程。在美国这是一个创举。

此后，在美国普及中国历史和文化知识成为华美协进社的一项重要工作内容。到1943年，华美协进社已成为一个颇有实力和影响的机构，它管理着来自中美两国的250万美元的奖学金，协调遍布全美各地40个新闻和招待中心的工作，同时负责中国历史和文化两门课程的教学组织工作。1944年，华美协进社再次改组成为在纽约州立大学注册的一个教育机构。

二战期间，华美协进社还组织了京剧俱乐部与合唱队，合唱队大唱抗日歌曲和中国民歌。在他们的影响下，两位著名的美国演唱家保罗·罗伯逊（Paul Robeson）和玛格利特·斯皮克斯（Margaret Speaks）也唱起了中国歌曲，以表示他们对中国人民的同情和支持。罗伯逊最喜欢唱的是《义勇军进行曲》，斯皮克斯爱唱的是《四季歌》，这两首歌在他们的传播下，一时间风靡美国。二战后，华美协进社讲授中国历史和文化的活动范围更扩大到西雅图的华盛顿大学以及加利福尼亚州、纽约州、康涅狄克州的一些大学。华美协进社为在美国普及中国历史文化知识进行了不懈的努力，其影响是深远的。

关注华人争公平

郭秉文热情地坚持为祖国争取应得的国际支持，并且逐渐发现不公正待遇在美国国内也十分普遍，特别是在美华人也面临着同样的问题。在伍斯特学院时期，郭秉文所做的《中国的抗议》的演讲就已经开始关注美国华人问题。

他先反对那些针对中国移民的大量诋毁，另一方面，他讲述了这些人多么热爱和平、遵纪守法，而且他们提供的劳动力是我们工业生活绝不可或缺的一部分。接着，他又讲述了我们如何允许南欧最危险的阶层涌上我们的彼岸，带来了犯罪、不道德行为和家族疾病。郭先生以热情号召美国人民公平竞争的精神作为演讲的结尾，表明虽然中国十分感谢美国过去施加的恩惠，但除非在移民这件大事方面正义得以伸张，否则中国的机会之门将不会打开。

郭秉文在1909年发表的这篇演讲，距离1905年中国抵制美国货运动刚刚过去4年，那是中国历史上最有组织性、影响范围最广的一次抵制运动，对于1906年从上海赴美的郭秉文而言，其场景历历在目。

1848年，加利福尼亚州淘金热以及随后的西部开发对铁路工人的需求导致华人开始大批移民美国，到19世纪80年代初，在美华人已经超过10万。在经历短暂的欢迎之后，华人就被置于被排斥的境地。受19世纪70年代经济衰退的影响，这批为美国西部开发付出血汗的移民，开始被视为白人劳工的威胁。白人社会也公开抨击华人的工作理念、体貌特征和宗教信仰，并将华人视为下等的、不可教化的族群，由此掀起了始于西部进而波及全美的排华浪潮。

在国家层面上，国会先后通过了多部限制华人移民的法案，其中1882年《排华法案》是美国历史上第一部限制特定族群移民美国的法案。该法案不仅限制华人移民美国，还对已经在美生活的华人设定了若干法定限制：华人被看作“旅居者”，不得置业；没有投票权；无法向法院申诉；不能异族通婚以及归化入籍，华人就这样被剥夺了本应享有的基本权利。当时只有教师、学生、商人和政府官员可以获准进入美国。

在上述史实背景之下，郭秉文认为，美国在对华贸易、投资和传教方面“敞开国门”，相比之下，却对想要在美国工作的华人紧闭国门。20世纪之交的中国太弱，因此抵制运动的影响有限，但郭秉文发出的抗议已超越了传统的经济范围。郭秉文认为，在华人向美国移民的半个世纪里，华人被虐待、杀害。郭秉文还提到了华工的勤劳，同时也力争公平正义。

郭秉文在哈里斯基金会所做的《中国与美国》的演讲中，也关注到了美国华人问题。

在美国对中国的态度上，如果有任何瑕疵存在，那就是美国的排华法案。基本上，中国认为美国在这次事件上的行为是非正义的。中美两国制定的1868年条约明确规定，这两个热情友好的国家承认，人民有内在的和不可分割的权利，来改变他的家庭和忠诚，以及公民和国民共有的自由移民和移居外国的权利，出于好奇、商业或者永久居留的目的，各自从一个国家到另外一个国家的移民。更进一步地表明，中国国民在美国定居或者参观，也应该享有同样的关于旅行和定居的特权，豁免权，免税额，因为这是大多数受到优待的国家的市民或者居民所享有。1880年，在美国的要求下，中国开始实施一项新的条约，在这项条约中，中国同意美国可能控制、限制、暂停中国人的进入，但是不可能完全禁止。在这项条约的基础上，美国国会通过了一项议案，就是延缓中国移民二十年，之后，由于Arthur 总统的理由进行了让步，减少至十年。

美国对此表示不满，曾多次试图和中国建立新的条约，旨在建立中国劳动移民虚拟禁令。而国会进行的协商通过了一项议案，就是完全阻止中国劳动者的移民，这明显地违反了1880年条约的规定。在某种程度上，这种情况在1894年的新条约中得到调整，就是允许十年排斥中国劳动力，但是当条约结束时，中国在舆论的作用下，给予美国政府适当的警告，这项决议不可更新。国会，忽视中国的条约权，已经通过了一项法律，美国将永远把中国劳动者排除在外，最近的法律已经对此做出更为严格的规定。因此中国在美国的地位不仅主要依靠中美两国之间的条约，而且依靠美国法律及其对法律的解释。

当完全意识这个国家的政治家和立法者面对的这些问题，以及别的国家正在处理的这个问题，坦白地说，中国人民并没有看到任何他们违反条约规定的正当理由，以及他们坚持认为中国应该履行他们的规定的理由。中国人民也没有看到任何好的理由，说明为什么世界上的国家支持中国奉行门户开放政策，而他们对中国国门紧闭。如果采用这项排外政策是完全必要的话，为什么直到最近在中日两国间也有区别对待呢？为什么没有普通法在统一标准下来限制劳工移民，而不考虑人种和肤色，而不是政策上歧视那些特别的国家和人种？

随着这项法律的成立，中国和其他的亚洲人民不能享有这项被称为定额分配制的权益，理由就是他们没有资格同化，白人和黑人都享有这种权益，但是亚洲人不能享有，因为亚洲人既不是白人也不是黑人。这被亚洲的聪明人认为这是一种凌辱，一种不需要的凌辱，因为在这种定额分配制的体系下，亚洲不可能超过美国。更多的是，这些熟悉美国历史的人记得，在发现美国的过程中，清教徒祖先将它奉为整个世界遭受的苦难及压迫的人类的避难天堂。以及所有人类“生而平等”这一准则，它是《独立宣言》的最早宣言中的一个。而《独立宣言》，是美国人民近来在世界范围内颂扬的，表达了美国人民的爱国主义情感。

尽管演讲不能改变美国政府的政策，但郭秉文仍不遗余力地通过这些演讲传达对公正的渴望。

在职业生涯的后期，郭秉文更加积极地拥护在美华人孔士谔（Shien-Woo Kung）。他是《中国人在美国》（1962年）的作者，曾在20世纪30年代与郭秉文一起工作。郭秉文对孔士谔的书表示赞赏，称它具有里程碑的意义。郭秉文认为，“虽然本书写的是中国人在美国的生活，但其内容范围也包括了对在东南亚地区以及加拿大和拉丁美洲的中国人的研究，从而可以使我们对海外华人有一个全面的了解”。

郭秉文对夏威夷特别赞赏，因为相比美国其他州，它比美国大陆少些种族偏见，所以，在夏威夷的中国和亚洲人转变为更突出的角色。在1959年夏威夷的选举中，华裔美国人当选参议员，日裔美国人当选众议员。郭秉文写道：“那些怀疑中国人是否能够在美国大陆融入美国社会的人只需仔细观察下它最年轻的州。”二战结束后直至1965年新移民法实施以前，中国移民的配额每年105人。尽管排华法案早在1943年已被废除，却仍有对中国移民严格的限制，对此郭秉文认为这是不道德与不公正的，在道德精神上美国人还要向中国文明学习。

从赴美留学以来，郭秉文都在利用每次获取的机会，拥护中国和在美华人在每个阶段都在树立中国的新形象，都在着力改变美国以及全世界对中国的看法。

政治事务显身手

20世纪30年代，郭秉文开始涉足政坛，在国民政府中担任要职。1937年，抗日战争全面爆发，中国人民普遍认识到，想要持久抗战，必须满足两个条件：其一，调动一切本土资源，争取友好强国的援助，延长信贷和贷款时间，用以采购军火、军需和其他战争物资；其二，保持国内经济独立发展，主要是保证财政上的有偿支付能力和通货稳定。依照这些目标，国民政府制定了对外政策，郭秉文也参与这些对外政策的磋商。20世纪40年代，郭秉文赴联合国善后救济署任职，并在布雷顿森林会议等制定战后世界秩序的高级别会议上为中国发声，利用他的影响力来倡导国际社会公平对待中国。

20世纪30年代中期到二战结束后的这段时间，对中国和世界来说，都是非常微妙的时期，也使作为政治家的郭秉文在世界舞台上留下了印记。其实，郭秉文之所以被重视，可追溯至伍斯特学院以来他长期对国际问题的关注上。

国际关系新研究

在美国生活五年（1925—1930）后，1930年郭秉文离开华美协进社返回中国。回国后，郭秉文首先涉足的是国际关系研究与金融事务。20世纪30年代初期，郭秉文从事了一项被大家所忽视但却非常重要的工作：从事中国国际关系方面的研究。

二战以来，文化项目成为国际关系的新内容。因此，各种非官方的活动在各国人民间展开，被称作“民间外交”，实际上就是文化层面的外交。20世纪30年代早期，郭秉文就已经预见到了非官方的国际交往的重要性，尤其是在中日矛盾日益尖锐的时候。作为工商访问局局长在上海办公时，郭秉文已经认识到了国际大都市的战略位置，即东亚政治、经济和商业的神经中枢。1932年5月，郭秉文在上海创立了中国国际关系研究所并担任所长。许多著名的政治家包括孙科、宋子文、顾维钧、王正廷等都是董事会成员。

郭秉文在成立中国国际关系研究所这一文化组织上发挥了重要作用。成立研究所有以下几个目标：(1) 作为对中国的国际问题进行非官方交流和公共讨论的论坛；(2) 在中国外交关系的重大决策方面作为政府与上海主要民间组织沟通的渠道；(3) 作为中国的领导人、外国代表、实业家、金融家以及教育家的汇集地，对时代的重要问题进行非正式的讨论。

不同时期研究所的成员包括著名的外交家颜惠庆、施肇基和董显光，金融家陈光甫和Hsu Hsin-lu，教育家上海沪江大学校长刘湛恩和国立交通大学校长黎照寰以及其他各界人士。研究所的主要活动是定期举行会议和晚餐会，非正式地讨论影响中国的国际问题。许多国际名人都曾参与这些会议，其中包括英国的卡尔先生（英国驻重庆大使）和许阁森爵士、法国的保罗·艾米尔·纳吉亚尔、苏联的鲍格莫洛夫、美国的克拉伦斯·高斯以及日本的Konji Kodama。

研究所还出版了名为《中国季刊》（China Quarterly）的英文杂志，杂志刊登深度解读中国内部发展和外部关系的文章和研究论文。这份杂志后来发展成为整个20世纪30年代中国的主要出版刊物，成为中国公共外交宣传活动的重要媒介，在国内外广受好评。尽管受到日军的压迫和威胁，研究所的活动依然持续多年，直到1937年整个上海被日军占领，研究所才被迫停止一切活动。

除了关心国际局势，郭秉文还涉足金融事务。1931年，郭秉文受孔祥熙之邀回国，出任国民政府实业部国际贸易局局长。1932年，郭秉文受邀任国民政府海关税务局，这是受到亲戚黄汉梁（1890—1974）的邀请。黄汉梁是夏瑞芳的大女婿。黄汉梁师从艾德温·赛里格曼教授，获得哥伦比亚大学经济学博士学位，孙科是他哥伦比亚大学的同学。1930年，孙科担任铁道部部长后，邀请黄汉梁出任次长。1932年，蒋介石下野，孙科担任行政院院长，推荐黄汉梁做了财政部部长。

1931年至1934年，郭秉文还任职于上海信托公司。上海信托公司是由上海商业储蓄银行创办的信托公司。郭秉文成为金融家的新角色有可能与夏鹏（夏瑞芳的独子，别字小芳、筱芳，系上海商业储蓄银行的资深管理人员）有关。

1914年夏瑞芳被暗杀后，其子女中最年长的夏鹏（1896—1976）便挑起大梁。夏鹏1920年自宾夕法尼亚大学沃顿商学院毕业后再到哈佛大学攻读工商管理硕士。1922年夏鹏由美返回上海进商务印书馆工作之前，曾去英、德两国逗留过一年，考察及调研印刷业实况。虽然夏鹏有能力继承父业，而且夏鹏从他父亲那里继承了商务印书馆的股份而成为公司的长期股东，但是可能因为公司内部派系（包括自己的亲戚）斗争激烈、工潮迭起，他对继承商务印书馆家业有所顾忌，所以他曾两度婉拒出任商务印书馆的总经理。第一次为1929年其舅父鲍咸昌去世的时候；第二次是1948年11月，时任总经理的朱经农因出任联合国教科文组织会议首席代表而辞职，商务印书馆董事会力邀他回国继任，但当时国内形势不妙，商务印书馆出版事业已近乎停顿，因而夏拒绝继任，后商务印书馆董事陈夙之（早年留学美国，曾任中央大学工学院院长等职）于1949年就任总经理。后来王云五在台湾经营商务印书馆，夏鹏都没有再参与。

夏鹏不在商务印书馆就职，另一个主要原因与他沃顿商学院师兄陈光甫创立的上商集团有关，而他在上商可以说是终身服务。1915年，陈光甫初出茅庐，从六位商界名人处筹得十万元资本成立上海商业储蓄银行。最初全行只有九个员工，比一些钱庄还要小，被一些行家戏称小上海银行。但陈光甫目光如炬、经营得法，不到五年，上商已名列前茅，成为南三行之一。透过校友会及世叔伯的关系，夏鹏认识了具有雄才大略的陈光甫。20世纪20年代，陈光甫邀请夏鹏出任上商董事兼监察人，负责业务拓展工作。

上海信托公司于1930年创办，呈准财政、实业两部注册给照，经营银行、信托、保险、地产等业务，资本20万元。1934年2月扩充资本为100万元，一次收足，修正章程，改选杨介眉、郭秉文、徐寄庼、刘亦焯、陈维翰、张澹如、齐云青、王幹丞、夏筱芳、严叔和、程联为董事，邬志坚、陈光甫、张公权为监察人，并添设储蓄部，拨资本10万元为基金，呈准财政、实业两部为增资登记，颁给执照，并由董事会互选杨介眉为董事长，郭秉文、徐寄庼为常务董事，仍以程联为总经理。由此可以看出，1934年夏鹏与郭秉文同时成为上海信托公司的第二届董事。

1937年，抗战全面爆发以后，由于美国未对日本开战，所以不能直接拨款资助。陈光甫以商业贷款的形式用四川桐油及湖南钨矿换取军需物资，1939年成立世界贸易公司从中协调，派夏鹏远赴纽约负责该事务以支持中国的抗日战争。

救亡图存办贷款

1936年，郭秉文任中国赴美币制代表团团员（中国金融代表团），赴美协商币制事宜。郭秉文前往华盛顿特区会见了富兰克林·罗斯福总统。总统对中国的喜爱来自于早期家人在中国开展过业务。在总统举行的晚宴上，郭秉文与罗斯福以此为沟通纽带，并用这种联系强调了中美之间双边外交和公共关系的重要性。1936年，郭秉文作为实业部国际贸易局局长，常驻英国。

1937年抗战全面爆发初期，中国在内政、军事、经济、外交等方面力量都非常薄弱，处境不利。当时中国的军事准备完全不足以应对日军强大的海军和空军力量；中国的经济和金融体制太脆弱，抵抗不了长期军事行动的压力；中国面临着外交孤立的困境，没有一个同盟国。面对外敌入侵，中国除了动用国内所有的资源外，还必须寻求外援，以改变实力悬殊的状况。

为了维持国内财政的稳定，包括债务清偿与币值稳定，1937年6月，郭秉文受命以中国全国商会联合会副会长身份，代表中国自英国前往德国柏林参加第九届国际商业理事会代表大会，为拓展中欧贸易关系而斡旋。同年，他在巴黎被任命为法国兴业商务部董事长并致力于改善中国、法国和比利时之间的贸易关系，加强与欧洲各国政府及工业界的联系，采购军用补给品、快艇，促进中国产品的输出等。

军事上的需求有赖于借款来购置军火与战争用品。自1938年开始郭秉文主要从事国际贸易和对外借款等工作，先后主持了向英国、美国的几笔借款，向各国购买军用物资和军火，并为滇缅路工程的完成提供了资金保障。

1938年郭秉文在英国创立了中华民国驻伦敦贸易委员会，并就借款事宜与英国进行交涉，与英国政府要员如财长、银行团负责人、工业联盟等重要官员保持密切联系。英国第一笔借款最初应允数额为三百万英镑，但到1939年8月18日签字确认的是285.9万英镑，其余14.1万英镑用于支付购买汽车的价款。这笔借款对战时的中国有着巨大的心理作用，因为这是自由民主国家团结起来反抗极权国家侵略的象征。

抗战全面爆发以后，民国政府为稳定汇市，于1938年5月1日发行金公债，其中一千万英镑，拟请英国政府担保推销。郭秉文与英财政官员洽商，由中方提出方案，供英方选择。方案如下：

（一）由英方承受最近发行之金公债全部或一部。

（二）1908年英法借款今年可全部还清，拟照原合同条件续借五百万镑或增为一千万镑。

（三）根据去年与汇丰银行商议之币制借款二千万镑案，请英方承受抵押或垫借。

（四）切实商定货物信用款一千万镑案。

郭秉文在抗战初期常驻英伦，是实业部国际贸易局局长，也是中华民国驻伦敦贸易委员会委员，还是驻英大使馆财务参事。1941年3月下旬，郭秉文被任命为财政部常务次长。根据中英借款续借方案第二项，郭秉文开始与英方洽商，主要以钨砂作抵押续借五百万英镑。这笔五百万英镑借款于1941年6月5日下午3时在英国外交部签字，艾登外长接见郭秉文与陈光甫，在非常友好的气氛中完成签约。

郭秉文参与的第三笔借款高达五千万英镑，洽商期间颇费周折。1941年12月8日“珍珠港事件”以后，西方各强国对中国的援助较为热心。英国因美国愿借中国五亿美元，所以也愿借款五千万英镑，并声称借款条件与美国一样，但事实不然。经多次磋商，双方于1944年5月2日签字。另一军事租借法案（军火及军用物品）亦于同日签字。

再说向美国的借款。抗战初期向美国的借款，由陈光甫主事，到1941年4月，先后有五笔，以桐油、滇锡、钨砂等为抵押品，合计一亿两千万美元，另有平准基金货款五千万美元。“珍珠港事件”以后，美国援华态度改观，美国国会于1942年2月7日通过法案，授权财长在总统许可下，可借给中国五亿美元。

中国大陆若干战略据点失去后，军需品的运输发生困难，因此需要盟国援助来稳定币值与控制物价，其中计划以借款中的两亿美元购买黄金，在国内市场抛售，以避免通货膨胀。美方对这一计划表示怀疑，郭秉文代表中国政府与美国高级官员，包括罗斯福总统、华莱士副总统、国务卿赫尔、财长毛根韬等，商谈多

1939年出席万国商会会议的中国代表团团员合影

次，最后获得成功。

此后，由于中英间发生摩擦，英国的借款最终只拿到八百万英镑。而美国方面，由于双方都存在过失，导致购买黄金的两亿美元不能使用。但毋庸置疑，抗战中期郭秉文促成的美国的五亿美元与英国的五千万英镑的借款，对提振中国的士气起到了很大的作用。

滇缅公路保西南

抗战期间，国民政府迁都重庆，为抵抗日本侵略，国民政府希望加强中国西南方向的力量。因为如果沿海省份被日军占领，就必须找到新的运输通道。除了著名的缅甸公路，有人前瞻性地提出建设新的铁路线，横穿四川、云南、缅甸，促进陆上的物资运输，缓解新修的中缅公路的压力。滇缅路作为中国西南对外交通的要道，这一铁路建设项目，带来许多复杂的国际问题，都需要在工程进行之前解决。比如，如何获得英国的经济援助，如何在经费分配比例上与缅甸政府达成协议，中缅未定界的问题，以及法国政府对中国西南地区利害的关切等。

其实，早在1938年，英国公司就已经对贷款建设这一铁路表现出兴趣，并且它在中国铁路融资上有着丰富的经验，但英国政府对此态度却极其冷淡，因为害怕引起日军的不满。另一方面，法国只对其中一条支线感兴趣，即宜宾—昆明部分，因为他们认为这条线路可以成为迟迟未修建的扬州—重庆铁路的一部分。

当时的郭秉文具有中华民国驻伦敦贸易委员会委员和交通部顾问的双重身份，他活跃在伦敦和巴黎，处理这一问题。他与各方重要金融机构负责人做了艰苦的交涉，这些金融机构包括汇丰银行、中英开发银行，蒙内集团（Monnet Group），也称法国财团。最终他成功地消除了两方分歧，使英法两国达成协议，共同参与到这项事业中来。英法之间竞争导致的主要障碍解决后，最终在重庆签署了正式的项目协定。

张嘉璈（Chang Kia-ngau）在他的著作《中国铁道建设》中提到，1939年12月法国借款协定签署，法国财团提供48亿法郎，但由于后来维希被占领，协定中的条款实际上并未实施。华盛顿方面和伦敦方面达成协议，转移一部分美国租借法案的援助用于此项目，云南至缅甸铁路的一部分建设得以实现。昆明至曲靖线路1941年3月开始通车，而后完成了滇缅路。后来缅甸被占领，其他相关部分的建设被迫停工。

对于郭秉文驻英期间的工作，时任民国政府驻法大使顾维钧（1941年从法国的战时首都维希转移到了英国）有如下回忆：

> 我认为，他（郭秉文）在伦敦的工作是非常重要的。因为重庆政府期望大使馆可以从英国争取到比在美国更多的资金援助，从而可以购买武器、飞机和其他装备。在这些事务中，他一直努力帮助我，从未松懈。当我和一些高级别领导人进行谈判时，他和这些人保持密切的联系，其中包括外交部长、财政部长、首相。我从未见过任何一个合作伙伴，在履行职责上，比他更加认真负责。他确实是模范公仆。

国际会议履新职

1923年6月，世界教育联合会成立并召开大会，郭秉文作为中国代表团代表提交了《中国代表团报告书》的文件，并作主题为“中国是爱好和平的民族，应以教育促进世界和平”的演讲。会上，他以极高的人气被推选为世界教育联合会副会长兼亚洲分会会长，并连续三届担任此职务。郭秉文在任职世界教育联合会副会长的十年间，辅佐该协会成为国际上最具广泛代表性的权威教育联盟，同时将其作为中国教育界向世界同行展示新形象的透明窗口，始终活跃在国际教育文化交流的第一线。

1926年10月，国际图书馆会议（IFLA）暨美国图书馆协会（ALA）五十周年纪念大会召开，郭秉文作为“中国重要代表团领袖”应邀在国际图书馆事业特别会议上讲演“中国图书馆之历史及其在文化上之地位”，该讲稿后被载入会议记录，中美图书馆学教育交流从此日益密切。

抗战期间，郭秉文以中国政府财政部常务次长身份，出席英国科学协会于1941年9月下旬在伦敦举行的年会，年会的主题是“科学与世界秩序”。他在议题之一“科学与政府”问题会议上致辞说：“科学的使命乃创造，而非破坏，乃提高人类幸福，而非增加人类痛苦。富于服务精神的中国科学家，已准备与他国科学家合作，创造一新世界，使各民族均获科学最大之利益。”

1941年世界科学会议

众所周知，早在二战结束前，联合国各成员就已经开始协商建立新的国际组织来维护世界和平与公正，推动世界经济进程。在美国总统罗斯福的领导下，美国筹备了一系列国际会议，探讨战后新的国际格局，并且有组织地构筑共同合作的新框架。郭秉文作为中方代表，曾多次参加联合国的有关会议。

1943年5—6月，时任财政部常务次长的郭秉文作为中国代表团的首席代表，出席在美国弗吉尼亚州举行的联合国世界粮食会议。此次会议共有45个国家参会。会议主旨是制订具体的计划，研究改进战后粮食及其他农产品之生产、消费及分配之政策，更好地滋养全世界人民。对中国来说，这一会议的重要性不仅在于建立一个专门的国际性组织，而且还是对中国扮演大国角色和国际领导能力的考验。作为中国这一新兴力量的代表，郭秉文的政治敏锐度和谈判技巧让国内外刮目相看。会议以各国首席代表组成执行委员会，下设11人组成的常务委员会，郭秉文是常务委员之一。

在第一次全体会议上，美国首席代表琼斯作为会议主席，做了开场致辞，他声明两点：(1) 战后之救济问题，应由其他专门会议讨论；(2) 本会议之任务，只在对各种问题搜集事实及向各国政府提出建议，并无商订条约及使各国政府负担任何义务之权力。

随后，郭秉文主持了一般性辩论，并做了精彩发言，赢得了各国代表的掌声和敬意，同时为后面的讨论奠定了基调。以下是他演讲的节选：

举行这次会议是为了了解世界各国人民对粮食和其他农产品的基本需求，寻找能够满足这些需求的方法和途径。罗斯福总统在《大西洋宪章》中反复强调“远离贫困的自由”，这是战后要实现的首要目标之一。

衣、食、住是人类的基本需求，关系到所有民族和种族的生存。自有历史以来到近代，人类一直面临着这些问题，也曾试图寻找各种方法解决。随着现代文明的发展，这些问题也变得更加复杂，涉及消费、生产和分配等问题。想要圆满地解决这些问题就需要各国合作、共同行动。

我坚信，无论问题多么复杂，只要友好合作，问题一定能得到解决。会议主席认为只要各国互帮互助，就能实现各国利益，我完全赞同这一设想。

在这样一个短期会议中，期望面临的所有粮食和其他农产品问题都能得到解决是不可能的。战前各国的经济条件各不相同。有些国家市场过度繁荣，而有些国家则经济萧条。可以想象，联合国想要达成协议面临着同样的问题。因此，想要制定出满足各国需求的计划绝非易事。

但是，我们有理由相信，会议能够取得一些实质性的成果：

1. 各国代表可以就各国面临的问题交流信息和看法，这些信息可以增进理解，有助于各国制定国策；各国相互交换意见，以求增进彼此的了解，并协助各国政策的规划。

2. 在人类需求的基础上，各国一致同意战后粮食与农业政策的总原则，接受参会各国有建设性的意见；确定战后粮食及农业政策的基本原则，以建议于各国政府。

3. 制定临时方案，建立合适的机构解决会议的遗留问题。拟定将来设立国际组织的计划，以继续执行本会议之工作。

此次会议设四位副会长，由中国、英国、苏联、巴西四国首席代表担任，分四组进行，即（1）关于消费水准及消费需要问题，主席为中国的郭秉文，下设三个委员会，邹秉文为第一委员会副主席。（2）关于扩大生产及适当消费需要问题，主席为苏联的Krutikov。（3）关于分配之便利及改善问题，主席为巴西的Muniz。（4）关于本会议工作之继续推进问题，主席为英国的Law。

5月25日，中国代表团提出筹建国际永久性组织，各国也有相关提案。美国表示先组建粮农临时委员会，最后决定暂设“粮农组织计划起草委员会”。

由于郭秉文长期以来与各国财政领袖所建立的友谊，1944年7月，他作为中国代表团成员，出席了在美国新罕布什尔州布雷顿森林召开的联合国货币与财政会议。

参会之前，郭秉文于1944年6月29日在华盛顿特区发表专文，响应这一会议。他认为这次会议的召开，旨在设立国际货币基金与国际开发银行。前者是国际货币合作的非常实际的方法，后者以求达到战后世界的繁荣。中国一向热心于国际合作，尤其是经济与财政方面。

在战后世界重建的过程中，中国的合法地位得到一致承认，这其中也离不开郭秉文与会议上许多重要金融家早年结下的深厚友谊。作为五大主要成员国之一，会议的谈判结果完全体现了中国的大国角色。中国在两大机构中都享有最大份额的投票权，享有常任理事国席位。根据协议条款和两大机构的基本纲领，常任理事国作为执行理事管理两大机构的日常运作。新中国成立后，由于政局的改变，德意志联邦共和国占据了中国执行理事的席位。

1944—1947年，郭秉文任职于联合国善后救济总署副署长兼秘书长。在二战即将结束时，为了促进世界和平、正义和发展，联合国善后救济总署（The United Nations Relief and Rehabilitation Administration，简称UNRRA）成立，这是联合国成立的第一个机构，比联合国的成立还要早。

联合国救济总署的起源可以追溯到1940年8月，丘吉尔对欧洲人民称，自纳粹暴政下解放出来者，应给予粮食、自由与和平。英国政府成立了剩余物资委员会，致力于大英帝国境内的救济工作。1942年，罗斯福总统设外国救济复兴局，首先以突尼斯为救助对象。

1944年郭秉文参加美国教育会议

1943年11月，联合国善后救济总署根据44国协议在华盛顿成立，时有48个国家参加。成立联合国救济总署的目标是为饱受战争摧残的国家——被轴心国侵略的国家，提供救助和物资，包括食物、衣物、住所和医疗，并且帮助他们恢复工农业生产和重建通信设施。联合国救济总署的章程规定由全体成员国组成的委员会和中央委员会共同享有决定权，中央委员会由四个大国组成，即中国、苏联、英国和美国。中央委员会享有特殊代表权限，能做出重大决策并指导委员会休会期间的所有行动；中央委员会不仅实际控制而且也从法律上控制了这一机构。

美国赫伯特·H.莱曼州长担任第一任总署长，郭秉文时任高级副署长。作为副署长，郭秉文管理着中央秘书处，自它建立以来就担任委员会秘书长，并且是中央委员会常设会议的秘书。这些职务在决策时意义重大，使国际机构与成员国建立了基本联系。

1945年联合国善后救济总署工作合影

自成立至1947年底为止，联合国善后救济总署给遭遇战争的国家，运输救济物资达24106691吨，价值29.03412亿美元。援助中国的项目总计5.29亿美元，其中，有美国的4.74亿美元。由于中国在二战中损失最为惨重，所以早在1943年5月召开国际粮农会议期间，郭秉文即建议政府对中国战区及后方各省与沦陷区域所需救济及善后复兴各项物资的种类与数量进行迅速的统计。中国政府为调查战后救济与复兴的需要，成立专案小组，由总署推荐三位美籍专家与中国专家一人组成。

对中国来说，在战后重建初期，总署的援助有着特殊的经济意义，毕竟，在所有总署援助范围内，中国所得到的援助最多。就数额来看，5亿多美元确实是一大笔资金，但事实上这还不到中国在抗日战争中损失的1%，中国在抗日战争中的损失不少于620亿美元，并且中国几乎没有得到任何赔款。即使是联合国救济总署相较甚少的资金援助，也是中国付出了巨大的努力争取来的。郭秉文出色的外交手段和游说能力帮助联合国救济总署中国分署署长蒋廷黻博士完成了使命，达成了共同协定。

郭秉文退休后仍在美继续从事文化交流活动

戴葆鎏曾担任联合国救济总署秘书处的副主任、主任，从而得以近距离地观察郭秉文，他认为：

> 即使要履行的职责繁重不堪，郭秉文仍然展现出过人的能力。郭博士坚持做正确合宜的事情，不计较个人得失，即使不受欢迎，仍会毫不犹豫对违反公正平等原则的问题提出异议。他容易相处，有幽默感，举止优雅，跟他相处过的人都相信他、尊重他并且欣赏他。

联合国善后救济总署在1947年退出历史舞台，郭秉文便退休下来，定居于华盛顿，但仍在美继续从事文化交流活动。

实用主义播种机①

郭秉文的《中国教育制度沿革史》是现代中国第一本教育制度通史。该书以美国实用主义教育学说为理论基础，运用西方教育学术范式对中国的现实问题开展研究，力求中西结合、经世致用，建构了现代中国实用主义教育学术范式。作为20世纪初期世界教育研究重镇哥伦比亚大学师范学院第一位中国留学生撰写通过的教育学博士论文，《中国教育制度沿革史》的写作模式成为此后同门蒋梦麟、胡适、陶行知等人撰写博士论文参考借鉴的样板。

郭秉文《中国教育制度沿革史》及其早期相关教育论著，实际上开启了中国由借鉴和模仿日本教育学转为引入与建立美国实用主义教育学术范式并结合本国实际开展教育学研究的进程，具有开山之功。

体例塑造新框架

郭秉文在哥伦比亚大学师范学院所做的博士论文《中国教育制度沿革史》集中体现

①详见周洪宇、李艳莉.郭秉文与现代中国实用主义教育学术范式的建立：基于《中国教育制度沿革史》及相关论著的研究[J].教育学报，2014(5)，收录本书时，有所修改。

了其理论内核和治学范式。该书由第一编上古教育制度之起源、第二编上古教育制度及其退化、第三编汉以后各朝教育之沿革、第四编新旧教育之过渡时代、第五编新教育制度之建立、第六编民国时代所建之新教育、第七编现今国民教育之重要问题、第八编撮要与结论以及附录构成，通过深入分析该书以及郭秉文后续的相关论文，其学术范式可大致概括为以下五个方面。

第一，理论的现代性：引入实用主义教育学说。

郭秉文1911年进入哥伦比亚大学师范学院求学时，美国著名哲学家、教育家杜威已从芝加哥大学来到哥伦比亚大学工作了六年，他的实用主义教育学说经过前期芝加哥大学实验学校的教育实验已经基本成型，并陆续通过在芝加哥大学、哥伦比亚大学等校的讲授以及其他途径得到传播，产生相当影响。杜威的主要著作中，此时已出版了《我的教育信条》《学校与社会》《伦理学》《教育中的道德原理》《我们怎样思维》等。

杜威虽然主要在哥伦比亚大学哲学系执教，但他将哲学视为教育的最一般方面的理论，又将教育视为检验其哲学理论的实验室，同时也在哥伦比亚大学师范学院上课。从1906年起，他每学年在师范学院开设一至两门课程，有时也参加师范学院的教师会议。他在师范学院先后开设的课程有逻辑学与教育问题、伦理学与教育问题、社会生活和学校课程、哲学与教育的历史关系等。他还参与弟子克伯屈教授开设的关于“教育哲学”的研究班工作。很多学生注册听他开设的课程，学生把他的讲课看成一种起激励作用的教育经验。杜威非常乐于和中国学生交往交流，中国学生对杜威这种“导师的导师”也充满敬慕之情，乐意向他请教。这一点从他直接指导的博士生胡适的《留学日记》中可以清楚地看出。胡适的《留学日记》中有多处相关记载，同也在该校攻读博士学位的陶行知、胡天浚等还曾与杜威合过影。

杜威的名言“教育是社会进步和社会改革的基本方法”，被哥伦比亚大学师范学院作为学院的座右铭制成铭牌悬挂在师范学院大门墙上，每个进入师院院门的师生，第一眼就能看到杜威的这句名言。他的塑像也矗立在哥伦比亚大学师范学院的多处地方，如图书馆、休息室乃至拐角处。他在哥伦比亚大学师范学院的影响可谓无处不在。应该看到，杜威的哲学和教育思想通过各种渠道、途径与形式实际上对郭秉文产生了深刻影响。

杜威的实用主义教育学说强调学生的主体地位，重视经验的价值，主张“教育即生活”“学校即社会”“教育即经验的不断改造”，特别注重教育的实用性、工具性、有效性，注重教育与生活、学校与社会、道德教育与学校生活的联系等。实际上这是郭秉文博士论文分析教育制度得失与改进的核心理论基础。《中国教育制度沿革史》一书在追溯历代教育制度时，注重以教育与学生生活、社会需要是否相契合来审视其得失优劣。第二编上古教育制度及其退化分析周代教育时，郭秉文指出：“以近世教育眼光，评论此种学校课程，实包德智体三育。于人生有密切（关系）。此教育即所以为人能竞争于生活界之预备。”汉以后各朝的教育专为养成官吏，与生活严重脱节，周代教育“重实验而与当时生活相接近”的长处逐渐淡化。第七编《现今国民教育之重要问题》，在谈到学生道德教育养成时，特别注重道德教育与经验的关系，重视中国已有的文学资料、教员品格等对学生个人经验的形成以及影响，指出此种经验连续推进于学生心目中以及与学生经验的互相影响，较之反复说教更为有效。在论述教育与生活关系时，分析我国“课程为学生将来解决日常生活问题之一物，是一进步也”，学校中应多设置科学、家政、手工等“求得技能”的学科，假若推进新教育时能“注重实用教育，不出十稔，必有成效可观已”。

《中国教育制度沿革史》在行文中注重展现历代教育制度变迁，同时运用实用主义教育学说进行分析，为该书打上了实用主义教育学说的烙印。此后郭秉文的系列教育著述更是以实用主义教育学说作为主要理论依据来分析诸多中国现实教育问题。他在回国不久深入全国各地调查之后，得出我国中小学教育应进一步加强与社会生活联系等结论，突出反映了实用主义教育学说的影响，显示出以美国实用主义教育学说来取代德国赫尔巴特教育学说、建立现代中国实用主义教育学术范式的不懈努力。

第二，结构的递进性：分期合理自成体系。

在20世纪前20年里，由于孟禄的努力历史学成为哥伦比亚大学师范学院大多数研究生学位论文的选题范围。郭秉文的博士论文选题《中国教育制度沿革史》显然也受到孟禄这种努力的影响。一个有趣而又值得深思的现象是，郭秉文一方面以杜威实用主义教育学说为核心理论基础，另一方面又努力从孟禄教育史学研究范式中吸取理论养分，而其博士论文指导教授、以教育行政学为专长的斯垂耶以及以教育史学为专长的法云通对郭秉文的影响似乎还不及杜威、孟禄两位。这或许正反映出了在当时特定历史条件下，中国社会和学术界更需要引进新思想、新理论来对传统观念予以变革的新观念，至于专业知识，则被摆到了相对次要的位置。郭秉文借鉴孟禄的教育史学研究范式展开阐述，开篇即阐述研究任务、研究对象以及教育制度分期等教育史学基本理论问题。作者在绪言中表明了研究教育制度沿革史的初衷：一、“盖欲考见吾国开化独早之由来，与夫数百兆人民结集之故”；二、“欲寻求吾国操何职术，俾政体巩固，与夫人民得安居乐业”。研究的最终目的是达成“正言之，为模范，为指南：反言之，则亦前车之覆辙也”。

作者将该书的研究对象明确界定为我国上古至此书撰写之时止的“公共教育制度”沿革，“公共教育制度”这一核心概念显然来自西方教育理论，也是孟禄教育史学研究的重点所在。接着，该书探讨了教育制度分期问题，尝试按照中国教育自身的演变发展特点并结合历史年代更替情况对中国教育制度史加以分期。该书将中国教育制度史划分为上古教育制度之起源、上古教育制度及其退化、汉以后各期教育之沿革、新旧教育之过渡时代、新教育制度之变迁、民国时代所建立之新教育六个时期。对于前三个时期的划分，作者依据历史年代划分大时期，辅以朝代更替作为小阶段。在对中国近代教育制度进行划分时，则依据近代教育变迁状况分为新旧教育之过渡时代、新教育制度之设立以及民国时代所建之教育等几个阶段。同时，该书还明确提出中国近代教育的起点是“吾国近世教育制度之先道”的京师同文馆等。此种划分，理论坚实，条理清晰，脉络分明，观点独到，展现了与众不同的学术个性，与此前中外教育史学家的研究成果均有明显不同，也得到了此后许多中国教育史学研究者的高度认同，如周予同的《中国现代教育史》对中国近代教育划分的依据便为“观察中国教育的演变而探究其社会的背景”。不仅如此，郭秉文还依据西方教育学知识的分析框架将从属于这一研究对象的各个研究范畴一一囊括其中，对上古教育制度到民国时代各个时期的学校教育机构、课程、科举、考试、教育法律和章程等展开论述与分析，首次明确划定了中国教育制度史的研究界限，从而形成了其循序渐进、分期合理的教育史学体系。

第三，立场的中国性：研究中国历代教育制度变迁。

随着近代中国知识分子救亡图存、改革社会意识的觉醒，他们开始引进西学以期望逐步实现中国的“现代化”。维新派等主张“唯泰西是效”，而以张之洞为代表的“中体西用论”则“渐渐承认西洋文化的有用，而略加采取，但仍是以中国文化为主体”。此两种或完全不考虑中国实际情况而全盘肯定或照搬、照用，或进行简单的拼凑和割裂补缀，无法被中国真正吸收、消化。而教育史学要真正成为中国本土的学科，就必须“把外来教育学的学习和研究中国教育的现实问题发展以及对中国文化传统、教育传统内在血脉的把握结合起来，使三者融为一体”。要成为将三者有机融合的教育史学及其著作，首先要做到端正研究态度，坚定研究立场，密切关注本土的教育实践并发扬光大本土的文化教育传统。在郭秉文的《中国教育制度沿革史》出现之前，国人翻译日本学者的教育史著述中，中国教育史内容并未成为独立研究对象，大多是西洋教育史的附庸，即使国人自己著述的中国教育史，也多为日本教育史的模仿之作。郭秉文虽深受西方教育学说、概念以及逻辑体系的影响，但并没有脱离中国立场而完全盲目照搬西方理论。他认为：“宜于西人者，未必皆宜于吾国民。以西方之所长，与吾国数千年行之而宜者融合之，成为一种教育，庶几无枘凿之患。”以此出发，郭秉文站在中国立场上论述中国教育制度的历史变迁，改变了此前中国教育史从属于西方教育史的尴尬局面。同时，全书并未迷信于实用主义教育学说与教育史学研究范式，只是将其作为分析和论证的重要依据，在细微处对中国几千年来的传统也予以合理审视和发扬，如阐述了《学记》教学原则的先进性、周代教育制度的优点等。作者更多地考虑本土教育制度的固有状况而吸收西方理论的合理性，避免全盘照搬西方理论。

第四，触角的现实性：结合现实问题提出具体措施。

教育史学作为一种“舶来品”，在20世纪初出现时，不仅未关注中国教育制度变迁，也未关注中国的教育实践。《中国教育制度沿革史》改变了这一状况，除将视线放置梳理中国历代教育制度变迁，从杜威实用主义哲学注重“实用”的理念出发，更是首先触及现实的教育问题，注重反映和探讨民国成立前后教育界关注的热点问题。作者在第七编专列一编“现今国民教育之重要问题”，涉及教会教育、教育与道德养成、学校训练与行政问题、教育制度中的财政问题、普及教育、教员的养成、教育与生活、教育中央集权与地方分权、学校课程等问题，并对此类现实问题提出具体解决措施，如在谈到教育财政不足这一新教育制度中最难以解决的问题时，郭秉文系统总结中西教育实践经验而提出了裁减冗员、免添不急之校具与缓建校舍、借鉴西方私立学校备案法规、奖励和改良私立学校等办法。

嗣后，郭秉文又发表了《中国现今教育问题之一：职业之指导》《战后欧美教育近况》《十年度之高等教育》《民国十一年度之高等教育》等一系列学术论文，全方位反映了中国的职业教育、义务教育、成人教育、军队教育、女子教育、体育、高等教育、留学教育等现实问题，同时强调用教育理论来剖析教育实践问题，提出现实教育问题的具体解决方案。郭秉文的《中国教育制度沿革史》开启了教育史乃至整个教育学研究既重视理论又注重实践的研究路径，同时也促进教育史学研究更好地切合现实所需，实现历史和现实的双向互动。

第五，方法的科学性：注重教育调查和统计分析。

杜威的实用主义和孟禄的实证主义注重科学的方法，以调查、统计等为基础了解实际情况，以便对症下药、提出切合实际的解决措施。郭秉文在研究中国近代教育制度沿革史时即朝此方向努力，不仅遵循史料考证等传统史学方法，更将教育统计法等科学化方法插入其中。此书应用了教育统计方法对学部的统计报告、学务统计表等数据资料进行比较分析，力求研究科学化，如在第四、六编中，列出了清末《奏定学堂章程》《壬子癸丑学制》的系统表，并对此表进行了解释说明。第五编中，列出了清末1905年至1910年的各种学校、学生数的变化表，经进一步分析得出了“学校、学生数增加速度颇高”的结论。在缕析教育发展全貌的同时，作者还根据各省不同教育研究会数量的差异，推理出虽然学校、学生数总体增加，但由于各省差异并不能得出整齐划一的结论，这也体现了作者并未过高估计国家教育事业的进步，而是对之保持清醒的态度。在第七编中，作者呈现了光绪二十九年（1903年）到宣统二年（1910年）各类师范学校学生数的变化表，归纳出各类师范学校学生数的高峰点以及增减规律，并且分析了潜藏在现象背后的深层原因。郭秉文不仅在《中国教育制度沿革史》中大量运用教育统计等科学方法，在后续的研究中，他更是秉持“教育事业之改进，不能凭玄想与空谈，非先实地调查，洞察现状。严密批评，提出解决办法”的态度，通过实际教育调查社深入考察全国各地教育事业，根据实际情况撰写报告。自《中国教育制度沿革史》起，教育统计法和教育调查法在郭秉文的大力倡导下，逐步在中国教育界试行和推广，教育研究开始走向科学化。

承继开新启后人

《中国教育制度沿革史》成书之际，正是杜威实用主义哲学和教育学说逐渐成熟并产生相当影响之时，也是孟禄教育史学著作相继出版影响各国教育史学研究之时，郭秉文对二位老师的思想予以承继和弘扬。作为哥伦比亚大学师范学院第一个获得哲学（教育学）博士学位的中国留学生，他建立的现代中国实用主义教育学术范式，被其后撰写博士论文的蒋梦麟、胡适、陶行知等人所借鉴和参考，其中，胡适以《中国哲学史大纲》（上卷）建立的新学术范式在中国哲学史研究中享有不可撼动的地位，而陶行知则构建了“生活即教育”“社会即学校”“教学做合一”的生活教育学说，形成了具有中国本土特色的教育理论体系。下面简要分析郭秉文与杜威、孟禄、蒋梦麟、胡适、陶行知等人著述的相互关系。

第一，郭秉文对杜威、孟禄等学说的承继与运用。

杜威是美国实用主义大师，其实用主义教育学说以实用主义哲学为基础。实用主义哲学反对形而上学，强调经验、生活、行动和效果，把经验归结为行动的效果，将知识看作行动的工具，把真理视为行动的成功；实用主义哲学认为任何事物均需接受检验，由假设开始，重视通过科学的方法和步骤获取证据和事实进行验证，只向证据和事实低头；实用主义教育学说主张“教育即生活”“学校即社会”“教育即经验的不断改造”等，注重教育和学生生活以及社会需要的联系；实用主义呈现多元论史观，用“文化”一词概括人类一切交往和共同生活的各种条件，如法律、政治、科学、技术等，并指出其中任何一种因素都可以独立存在并对社会发展起决定作用。

孟禄是美国著名的教育史学家，一生著述丰富。他曾于1901年赴德国海德堡大学进修，深受实证主义史学的影响，其代表作《教育史教科书》（1905年）即按照此范式展开。书中阐释了教育的心理起源、西方教育史分期等教育史学基本理论，注重研究教育制度，尤其是学校等。在实证主义史学的影响下，孟禄在书中摈弃了传统形而上学的纯粹思辨而更重视感觉经验和“证据”，广泛搜集和系统整理资料，努力将自然科学方法运用其中，促使教育史研究更为严谨。此后，孟禄的后期著作逐渐呈现出注重实用的色彩，注重以调查等科学方式搜集事实、证据一直是其坚持的方向。孟禄后来多次来华，开展大规模教育调查，力图改进中国科学教育和科学研究，与杜威等美国教育家一样，对中国教育影响甚大。

杜威的实用主义和孟禄坚持的实证主义，二者的相通之处在于均站在反对传统形而上学玄思冥想的立场上，注重在科学精神指导下应用科学方法获取经验和事实。但前者注重经验的实用价值和效果，而后者则更注重科学严谨地展现历史事实，实用主义将实证主义进一步“功利化”了。郭秉文深受二者的影响，但不墨守某家学说，而是根据实际需要各取所需，实现有机融合。首先，《中国教育制度沿革史》以杜威实用主义教育学说为主要理论基础。实用主义教育学说注重儿童的经验、教育与生活和社会需要相沟通、儿童“从做中学”亲身获得经验等成为郭秉文探讨中国历代教育制度中教育宗旨、课程、教育法等得失的理论依据，也成为其改进中国教育问题的指导方针；第二，郭氏在绪言提出，撰写此书的目的不仅在于如实还原中国古代教育制度的演变，更强调“以古鉴今”，同时，在论证教育起源时，郭秉文更是指出“有文化之日，即有教育”，延续了实用主义多元史观的论断。全书注重教育史研究的实用价值，力图解决当前教育问题；第三，全书贯彻实用主义和实证主义科学精神和方法。郭秉文不仅广泛搜集各种资料开展研究，还应用了教育统计和调查研究等方法，首开中国学者科学化研究教育史、教育学的先河。从某种角度看，郭秉文是最早运用杜威、孟禄等人思想学说研究中国问题的先驱，也是最早探索建立现代中国实用主义学术范式的先驱。

第二，郭秉文与哥伦比亚大学同学蒋梦麟、胡适、陶行知著述的比较。

郭秉文比蒋梦麟大6岁，比胡适、陶行知大11岁。在哥伦比亚大学求学的诸中国同学中，郭秉文的资历最老，获得博士学位也最早。郭秉文的博士学位论文客观上成为在哥伦比亚大学求学的中国同学中最早树立起来的一个标杆。哥伦比亚大学人文社会科学尤其是教育学科的几乎每位撰写博士学位论文的中国同学，事实上都无法绕过郭秉文的博士学位论文，不管是选题、角度和观点，抑或理论方法和分析框架。

蒋梦麟于1917年成为继郭秉文后第二个获得哥伦比亚大学师范学院哲学（教育学）博士学位的人。其博士学位论文也是在教育行政学家斯垂耶教授的指导下完成的，题目为《中国教育原理之研究》。此文是研究中国教育思想方面的先驱之作。与郭秉文一样，蒋梦麟的选题也是中国教育史，尝试运用西方教育学知识分析框架研究中国历代教育思想，且注重实用主义教育学说中对个体个性和需要的肯定，如指出“教授历史，当以学生之生活需要为主体也”。其次，蒋梦麟还系统应用了西方教育理论以及“在哥大学到如何以科学方法应用与社会现象，而且体会到科学研究的精神”研究和思考论文的研究构架，并形成了与传统中国哲学撰写方式迥异的书写框架，即从第一章开始至第五章依次论述人性论、论“学”之原则、论“教”之原则、论德育原则、结论等。最后，蒋梦麟主张应用西方教育理论时不能全盘引进，提出了“要保持中国文化精华，同时要把某些西方理想结合到中国生活中来”的教育构想。这些都深受杜威思想的影响，也隐隐约约透露出郭秉文论文的痕迹。作为对中国历代教育思想的考察，蒋梦麟既与郭秉文对中国历代教育制度的探讨形成互补，同时又肯定和承继了郭秉文早其三年而建立的现代中国实用主义教育学术范式，从某种意义上说，是对郭秉文建立起来的现代中国实用主义教育学术范式的进一步强化和巩固。

胡适是郭秉文的后学。胡适进哥伦比亚大学攻读博士学位时，郭秉文已经毕业回国，但郭秉文这位留学先驱的传奇故事和显赫声名，这位第一个获得哥伦比亚大学哲学（教育学）博士学位留学前辈的博士论文及其观点、理论和方法，胡适自然不会不知道。哥伦比亚大学师范学院的中国教育研究会，是郭秉文的心血结晶之一。在哥伦比亚大学哲学系随杜威攻读博士学位的胡适也是其中一位活跃的成员，经常参加哥大师院中国学生的活动，与研究会成员蒋梦麟、陶行知等交往甚深。现有的1916年前后胡适与孟禄、蒋梦麟、孙科、陶行知、张彭春（张伯苓之弟）、凌冰、王伯秋等哥伦比亚大学中国教育研究会成员的合影照，可以证实这一点。

杜威是郭秉文的精神导师，更是胡适的指导教授。胡适于1915年进入哥伦比亚大学师从杜威攻读博士学位，并于1917年完成博士论文《中国古代哲学方法之进化史》。回国后，经过一年的增订和修改，于1919年由上海商务印书馆出版，定名为《中国哲学史大纲》（上卷）。全书分为十二篇，第一篇为“导言”；第二篇至第十一篇则以人物为主题，系统地论述从老子到韩非哲学思想的历史演变；第十二篇古代哲学之终局，对这一历史时期的哲学作了系统回顾和总结。此书在导言中开宗明义地界定了哲学和哲学史的含义，并明确而系统地论述中国哲学史的研究目的、研究方法以及古代哲学史发展阶段的分期问题，凸显了该书在哲学学科体系构建方面的重要价值，同时该书以西方现代学术的理性精神、实证主义为指导展开有系统的论述。胡适虽深受西方学术范式的影响，但书中仍秉持“平等的眼光”看待诸子之学。可以看出，《中国哲学史大纲》深入探讨中国哲学史学科的基本理论问题，借用西方哲学概念以及应用“证明的方法”“系统的方法”等研究中国的哲学，同时在研究时注重以“平等的眼光”审视中西哲学，做到了学术概念更新、立足中国本土、治学方法科学等现代学术范式的要求，这些也正是《中国教育制度沿革史》中散发的理性魅力的延伸。郭秉文开创的前驱之路被胡适予以吸纳并运用于中国哲学史研究之中，推动了中国哲学学科的发展，也将郭秉文建立的现代中国实用主义教育学术范式拓展运用到哲学研究领域。

陶行知与胡适这位同龄的徽州老乡同时进哥伦比亚大学。他于1915年进入哥伦比亚大学师范学院攻读博士学位，仍然像郭秉文、蒋梦麟一样，师从美国教育行政学家斯垂耶等，其选题也是中国教育史。陶行知在哥伦比亚大学师范学院求学期间，杜威实用主义教育学说基本成熟，其影响逐步扩大。强调变革、改革传统的实用主义教育学说对不满中国旧教育，力图建立新教育的陶行知来说具有极大的吸引力，成为其“理论武装”。陶行知在撰写博士学位毕业论文时，与蒋梦麟一样，选题也受郭秉文的影响，从中国教育史角度，运用杜威实用主义哲学和教育思想研究中国教育问题，题目定为《中国教育哲学与新教育》。可以明显地看出，陶行知注重吸纳杜威实用主义教育哲学精髓、致力于研究中国本土教育哲学，力求革新中国旧传统旧教育，探索中国新教育之路。

陶行知1917年秋回国后，实用主义教育学说成为其改革中国旧教育的指南。1919年，郭秉文被正式任命为南京高等师范学校校长，陶行知被聘为该校教务主任。他积极配合郭秉文进行教学改革，二人在实用主义教育学说要义的指导下推动“教授法”改“教学法”等教育改革；在研究方法上，陶行知除继承导师斯垂耶的研究方法外，也与郭秉文一样，深受实用主义科学精神和方法的影响，注重教育统计法和实验法。陶行知在《教育研究法》中指出：“欲教育之进步，须先有正当之试验家，施行精密之试验术也明矣。”试验术实施时应注重秉持客观的精神和数目的观念，“注意应用统计法”。因为统计法“是辅助试验的一种利器，也是建设新教育的一种利器”。“假如把这个法则带在身边，受用无穷。”在此精神指导下，陶行知更是亲自进行调查并做出统计，编制了长达五十多页的关于中国各级各类教育的统计数据。在中西沟通和融合上，陶行知明确指出“中外情形有同者，有不同者。同者借镜，他山之石，固可攻玉。不同者而晓焉，则适于外者未必适于中”，反对不顾本国实际仪型他国的“洋八股”的做法。在这种立足中国国情、吸纳西方理论并注重融合和创新的思想指导下，陶行知借鉴杜威的实用主义教育学说并努力有所超越，提出了独具特色的“生活即教育”“社会即学校”“教学做合一”的生活教育学说，构建了本土的教育理论体系。

第三，郭秉文论文与后期影响较大的中国教育史著作的比较。

在20世纪二三十年代，中国教育史学者开阔了学术视野和更新了研究范式，涌现出了一批有影响的中国教育史著作，其中颇具代表性的有王凤喈的《中国教育史大纲》、陈东原的《中国教育史》以及陈青之的《中国教育史》。

很明显，《中国教育制度沿革史》开创的教育学术研究范式被后三本著作予以吸收：第一，站在中国立场上分析中国的教育思想和教育制度，进一步宣告了中国教育史学科建设的成熟和兴盛；第二，均开篇阐述了研究目的、分期、研究对象等教育史学理论问题，尽管他们之间对一些教育史学理论存在歧义，但反映出学者教育理论和史学理论的不断提升；第三，讲求研究方法的科学化。如王凤喈的《中国教育史大纲》不仅开篇明示了研究教育史“须用科学的方法”，还指出其步骤：第一步“征集关于教育方面的事实”，第二步“为有系统的排列”以及“用分析与综合的功夫”，第三步“说明因果的关系”。该书还注重中西古今比较，既有秦汉与战国的比较、清和宋明等的古今比较，也有中西教育制度的比较。同时，书中还应用数理统计方法对近代学校教育的演进、侨民教育等予以直观展现和分析。陈东原在作《中国教育史》时自称“胡适之先生给我影响最深”。陈东原所作《中国教育史》坚持实证主义教育史观，注重多方位挖掘史料价值、阐明和考证正确的教育事实。可以说，郭秉文开启了研究立场的本土化、研究问题的理论化和研究方法的科学化，这“三化”开中国教育史研究的先河，尔后的三书则继续予以深化与完善。

当然，后三本著作在依循实用主义教育学术范式开展研究的基础上，较之郭秉文的著述又有所变化与发展，如陈青之的《中国教育史》已经在一定程度上吸收和借鉴了历史唯物主义，指出教育是意识形态的一种，教育思想和教育制度的出现都是以社会为背景、以经济为基础的，同时，作者在评析教育家时体现了一定的历史唯物主义观点，而非像郭秉文一样完全基于实用主义教育学说来做评析，促进了教育史学的新变革。可以说，在理论上，陈青之借鉴历史唯物主义哲学研究教育史，对中国教育史研究的理论基础作了新拓展，使人们在运用实用主义教育学术范式之外，又有了一种新的选择。此外，后三本著作较之郭秉文的著述在史料挖掘之上功夫更为到位。《中国教育制度沿革史》虽注重旁征博引，但主要依靠马端临的《文献通考》等资料，而后三本著作较之前者更注重正史、文集、家训等方面的史料，尤其是陈东原的《中国教育史》不仅引用学者们常引用的正史、经书、典籍等，更将学者们普遍忽视的笔记小说、稗闻野史、札记自传、诗书文集等大量引用，如通过《儒林外史》等小说的经典场面等，使读者可以触摸到过去更为具体生动的教育活动场面。

新范式影响弥远

《中国教育制度沿革史》1916年出版后，到1922年已经发行三版。由于该书开创了现代中国实用主义教育学术的新范式，自著成和出版时即受到关注，黄炎培为其作序称之为“盖空前之作也”。《中国教育制度沿革史》的重要意义首先体现在对教育史学科的建设起到了示范作用，但其意义不止于此。该书还通过率先建立现代中国实用主义教育学术范式，增强了中国教育学科理论根基，促成了著述结构的更新，形成了中国人自己研究中国教育史的历史性转变，构筑了教育学科学化研究路径。

第一，引导了教育史学科体系建设。

《中国教育制度沿革史》作为我国第一本中国教育制度通史性著作，在引导教育史学科建设上功不可没。首先，扩展了教育史分支学科体系。郭著写成之前，国人由于照搬日本教育史著述，并未清晰认识到中国教育史可以对教育思想、教育制度、教育生活等进行研究，更没有从教育的主体、教育组成要素、教育发生的不同时限等进行专题史研究。郭秉文的独到之处在于最早将教育制度作为教育史的研究对象之一，以此扩展了教育史分支学科。自郭秉文之后，中国教育史学研究者在其影响下继续进行中国教育史分支学科体系构建，涌现了一批断代史、思想史、教育制度进一步细化的书院制度史、科举制度史以及女子教育、课程等专门史，力图涵盖中国教育史学科各个研究领域，教育史分支学科体系更为完整和丰盈。其次，掀起了中国近代教育史研究以及史料整理热潮。《中国教育制度沿革史》虽为研究上古时期到民国时代的教育制度通史，因其在实用主义教育哲学精神指引下，此书的重点放在了研究中国近代教育制度的建立和发展上，开创了“当代人写当代史”的局面。在《中国教育制度沿革史》的引领下，加之20世纪二三十年代中国历史学界开展的社会史论战对教育史学界的影响，中国近代教育史成为中国教育史研究中一个炙手可热的焦点。除一般的中国教育通史的时间范畴均截止至该书成型之时的教育史外，还涌现出一批专门研究中国近现代教育史的著述，其中，最具代表性的是舒新城穷十年之功对中国近代教育史的研究，最具代表性的成果是中华书局出版的一系列近代教育史论著，它们充实了近代教育史料，同时也在继承郭秉文某些近代教育论断的基础上使之进一步理论化。最后，构筑了中国教育制度史的研究路径和模式。《中国教育制度沿革史》是我国第一部中国教育制度通史，其研究模式遵循美国20世纪初研究教育史的范型并按照中国教育制度的特点划分演变阶段，引进西方学术概念并运用实用主义教育学说来分析中国教育制度，同时应用教育学知识框架来细化教育制度的研究对象，注重分析各个时期教育制度的特点以及不同时期教育制度的变迁，形成了中国教育制度史的研究模式。

郭秉文之后的中国教育制度通史和专史著作，多延续了郭氏的研究模式。以近年出版的颇具影响的《中国教育制度通史》（李国均、王炳照总主编，山东教育出版社）为例，该书八卷开篇即谈教育的起源等问题，并将中国自先秦至1999年的中国教育制度依据各时期的教育特点以及朝代更替等进行阶段划分，各阶段的研究对象以教育学分析框架拟定，对教育制度中的文教政策、各级各类学校、家庭教育和社会教育、考试等进行了研究。可以发现，该书在一定程度上采纳了《中国教育制度沿革史》的研究模式，既有教育史学基本理论的探讨、教育史观的坚持，又注重根据教育学分析框架划定中国教育制度的研究对象等。

第二，打下实用主义教育学说理论根基。

“一本教育学理论著作，如果没有自己的指导思想和方法论，就等于没有了灵魂，就只能是一种拼盘、一种混合物。”清末民初，我国翻译和编著教育学，其内容体系主要为德国赫尔巴特教育学的翻版。国人在借鉴日本教育学时，由于因袭赫尔巴特派过分关注结构，所作著述明显缺乏吸收并转换这一学说的长处来成为自己著述的理论根基，故而模仿意味颇足，自创成分明显缺乏。郭秉文作为美国哥伦比亚大学师范学院的中国留学生，较早观察到当时国内盛行的赫尔巴特教育学的不足不处，觉察到实用主义教育学说的蓬勃生命力，遂成为第一个回国宣传与引进美国实用主义教育学说的留学生，也是杜威来华讲学的主导者。他领导的南京高等师范学校及后来的东南大学，引进大批留学哥伦比亚大学尤其是哥大师院的学者，如陶行知、陈鹤琴、郑宗海等，为他们宣传和引进杜威的实用主义哲学和教育学说创造条件，他自己率先垂范，发表演讲，撰写论著，起到了示范、引导和推动作用。所著《中国教育制度沿革史》及其后续的学术论著，改变了国人此前留意日本时过分模仿和照搬结构体系的弊端，不仅进行了宣传美国实用主义教育学说的有益尝试，还以此作为著述内容的理论根基和指导思想，致力于挖掘其长处并与本土融合从而形成独特的教育学理论体系。

20世纪20年代以后，实用主义教育学说由于郭秉文、蒋梦麟、胡适、陶行知、郑宗海等人前期奠定了基础，加之国人对日看法等改变、留美学生的努力引进以及美国教育家杜威、孟禄、克伯屈等人来华讲学的影响，开始展现其旺盛生命力，成为中国学者对教育问题进行分析的理论依据。纵观此期的教育学和教育史著作，大多依据杜威实用主义教育学说的基本观点来组织和阐发教育基本概念、原理等。王炽昌编、郑宗海等校的《教育学》（中华书局，1922年版）编辑大意明确指出“本书依现代民本主义、试验主义及自动主义而编制，于作者意见外，大部分取材于杜威、桑代克及密勒三氏”。其他国人编著的教学著作有些虽未在前言明确指出取材杜威实用主义教育学说，行文中大多加以参酌，如庄泽宣在介绍杜威“生长说”时盛赞曰“善哉”，罗廷光则指出其“影响最大而略述一番”，紧随其后将教育概念界定为“是一种继续不断的改造经验的历程，有此可使个人生活圆满，社会文化继续扩张”。

罗氏对教育的界定虽力图融合各家，实则与杜威的界定如出一辙。此外，不少教育著作列出的参考书目中均可见到杜威著作的身影，如胡忠智《教育概论》所列参考书目注有杜威的《我的教育信条》《民主主义与教育》等；钱亦石《现代教育原理》体现了马克思主义教育观点，但参考书目同样有杜威的《民主主义与教育》等。实用主义教育学说同样影响了教育史家，他们或注重实证，或明确提出考察教育史需要关注生活、注重实用的影响等，其中方与严的《新教育史》依托实用主义教育学说，明确指出：“要研究《教育史》，即当研究《生活史》，研究《生活史》，即是研究《教育史》。”方与严之语有夸大作用影响之嫌，却印证了杜威学说的巨大影响。郭秉文率先在著述中运用实用主义教育学说作为理论根基的成功范例，影响后期学者对此学说的坚持，也在一定意义上启发了研究者可以多方位审视和借鉴各种理论，在实用主义教育学说之外，中国教育学界还引入了文化教育学、马克思教育学等，共同丰富了中国教育学理论基础。

第三，全面更新了教育学著述结构。

清末至民初，国人编写的教育学教材或著作，其基本结构体系大多照搬赫尔巴特学派教育学著作，“目的—方法”模式占据绝对优势地位。当时流行较广的张子和编写的《大教育学》（商务印书馆，1914年版），分为绪论、教育者论、被教育者论、目的论、教授论、训育论、学校论七编，其中教授论占据全书篇幅的近40%，赫尔巴特学派的体系结构一览无余。教育史著作同样照搬日本学者著述，按照进化论观点组织结构。郭秉文由于深受美国教育史研究范式与实用主义教育思想的影响，书中注重引用美国教育史研究范式来拟定学术研究路径，其论述自教育起源起一直贯穿至民国初年。同时，作者还使用了西方的学术概念如“公共教育制度”等来研究中国教育制度史，更在行文分析中运用杜威实用主义教育学说的相关观点分析中国教育制度的优缺点，指明今后的发展路径。《中国教育制度沿革史》由于思路新颖从而使得全文结构流畅明快。郭秉文开启的美国实用主义教育学术范式不仅内含实用主义教育学说作为著作的理论根基，其影响之一还在于传达了教育学著作结构并非固定僵化，可依据一定理论依据和思维范式进行相应构建的信息。

1916年《中国教育制度沿革史》中译本由上海商务印书馆正式出版后，中国教育学教材结构开始不再拘泥于一种结构，有的学者按照教育组成要素划分为儿童、课程、教学、训育、美育、教师、学校等章节，如王炽昌的《教育学》；有的学者按照教育的要素及其分类划分为受教人之性质、学习与游戏、课程与教材、幼稚教育、初等教育、中等教育、高等教育、特殊教育等章节，如庄泽宣的《教育概论》；其他还有按照教育与社会、个人关系划分为教育的社会学基础、生理学基础、政治教育、生产教育、文化教育等章节，如钱亦石的《现代教育原理》等。中国教育史学者同样摆脱了之前教育史研究照搬日本教育史学著作结构的路径，开始自觉应用美国教育学术范式进行研究，前述王凤喈、陈东原、陈青之等注重探索教育分期、研究方法等教育史的基本理论问题，并服膺于实证主义、唯物主义等教育史观，注重建构独特的研究结构，按照朝代、新旧教育更替等不同标准进行结构安排。尤其值得一提的是，杨贤江在唯物主义教育史观的指导下，按照马克思主义关于社会发展形态的理论将教育史分期为先史时期——原始氏族社会的教育、古代教育——奴隶制社会的教育、中世的教育——封建社会的教育、近代的教育——资本主义时期的教育。此种划分改变了按朝代分期等做法，从与教育最基础的影响因素社会入手，可谓首创之举。同时，杨氏也按照此安排全文的结构，为探索教育史著作结构提供了全新思路。在实用主义教育学术范式的影响下，中国教育学著作呈现出多元化模式倾向，进一步体现了中国教育学者虽借鉴西方但不再完全抄袭并着力体现自己的思考所做出的努力。

第四，凸显了教育学的中国立场。

先抄日本，再仿美国，后学苏联，是我国教育学走过的三个阶段。国人在参照日本教育学时，教育学著作由于多为模仿和照搬之作，核心内容大多没有顾及中国本土的教育实际和教育问题，即使教育史著作有所涉及也将中国教育史放置于从属地位。不可否认，早期的抄袭和模仿对于中国教育学从无到有实属必需，且也是教育学萌发时必然的现象，但模仿之作不考虑中国教育面临的实际问题以及不结合中国独特的教育现象进行研究，最终只能和中国国情枘凿不符而逐渐丧失自我、阻碍发展。郭秉文的《中国教育制度沿革史》较之之前仿日的教育学著作而言，其清晰明确研究对象为“中国教育制度”，在行文中虽参照美国理论，但重视立足于本土立场关注中国现实问题，以求形成本国借鉴，做到了中国教育学者真正合理的选择，即站在中国立场实现中西融合，“注重反映中国的教育事实，反映中国教育的需要，指导人们参加中国的教育实践”。

郭秉文力图书写适合中国国情的教育学著作，成为此后中国教育学者学习借鉴的对象，也开启了新的努力方向。中国教育学者开始不再一味引进，力求自编教育学教材。有学者统计，1901—1914年我国共引进教育学教材、著作119本，自编的只有29本，1915—1926年引进42本，自编的达109本，可以看出前15年的引进数竟是后12年的近3倍，自编数后12年则为前15年的近4倍。由此可见，以1916年郭秉文《中国教育制度沿革史》出版前后为界标，中国教育学教材的编写进入一个注重自编的新阶段。中国教育学者在借鉴实用主义教育学说的基础上，开始注重自己编著教材，对已有教育学教材进行不断更新，且在结合中国本土实际上不断前进；其次，在国人自己编写的教育学著作中，中国本土已有的教育思想、古代及当前教育活动等已经被纳入其中，此种著述不胜枚举，如汪懋祖编的《教育学》（正中书局，1942年版）中加入了孔子、孟子等教育学说及我国当前的教育新动向等；范琦等则专门结合三民主义著有《三民主义教育原理》；吴俊升、王西征编著的《教育概论》（正中书局，1935年版）还专门附录了中国农村经济状况与教育等。教育史著作更是因为关注中国本土教育思想、教育制度等，凸显了中国教育史的独立地位，确立了书写中国本土教育史的研究模式，即研究视界放到了中国教育起源及历朝历代的教育上。同时，因为放眼中国丰富的古代教育思想和制度、各类主体的教育活动等，各种教育专史等纷纷涌现，如中国学制史、女子教育史、课程史、幼稚教育史等，丰盈了本土教育史分支学科建设；最后，中国教育学者于20世纪20年代末起明确反对抄袭他国的“洋八股”，陶行知、舒新城、庄泽宣等提出了教育“中国化”“本土化”主张，思考如何构建适合中国国情的和需要的教育学，其中庄泽宣指出，新教育必须实现中国化，实施条件为“合于中国的国民经济，合于中国的社会状况，能发扬中国民族的优点，能改良中国人的恶根性”。真正构建具有本土特色、合于本土实际和人民所需的教育和教育学，成为中国教育学者不能回避和必须努力的关键点。从这一点看，郭秉文率先关注并彻底还原中国自身的历代教育制度，直面中国当前的教育问题，注重借鉴和参照外国教育学解释本土问题，既启示了中国教育学者要尝试并着力构建中国教育学，也着实开辟了中国教育学者推进教育学中国化的新路径。

第五，构筑了教育研究科学化路径。

在学习日本教育学时，中国教育学由于深受赫尔巴特教育学派的影响仍属思辨教育学，注重价值和意义的阐明，而少科学理性指导。不难看出，思辨教育学由于缺少自然科学的成分，容易出现盲从武断、结论难以令人信服的问题。运用科学方法对教育进行研究，走向数理统计、精密测量的科学化路径，既能增强教育学的科学根底，也能逐步促使教育学真正赢得学术界认可。与前期学习日本相比，郭秉文研究中国教育制度沿革史时已经显露融合教育统计等科学方法进行研究的趋势，各种数据统计、调查报告等出现于文中用于说明问题。郭氏的重要尝试，反映了教育研究科学化的趋势，也促使中国教育学由思辨向科学化转型。

20世纪20年代以后，郭秉文前期奠基的教育研究科学化路径成为中国教育学者的努力方向。其一，基于教育学科学研究的重要性，教育科学研究方法系统化的著作在这一时期有所反映，其中有罗廷光的《教育科学纲要》（中华书局，1935年版）、钟鲁斋的《教育之科学研究》（商务印书馆，1935年版）等，他们从宏观层面分析了教育学与生物学、心理学等学科的关系，并吸收其他学科的养分，同时，历史法、调查法、测量法等教育研究中的专门方法在书中也被系统介绍，以便于研究者操作和利用。

其二，中国教育学者还结合统计学、心理学等，积极推动教育学与其交叉，其中表现之一即为教育统计、教育测验等著作、教材的出现，如朱君毅的《教育统计学》（商务印书馆，1926年版）、陈选善的《教育测验》（商务印书馆，1934年版）等，对教育统计、测验的基本概念、方法等进行了详细介绍。教育史著作在郭秉文前期奠定的基础上，继续加强科学方法的运用，各种统计图表等出现于行文中，科学直观地说明历史演变等问题。教育统计、教育调查等成为许多大学教育系的必修课，开始在教育系科课程中有所反映。1918年南京高师教育专修科的科目中便开设有学务调查报告法、学务统计法等课程，1929年暨南大学教育学院开设有教育调查、教育统计等学程，其开设目的在于“使学者略知调查教育之理论及方法并拟实地调查以资练习”，“了解研究教育之数量的方法”。通过教育科学相关课程的开设，更突出了教育科学研究方法与大学课程的紧密结合。

其三，中国教育学者深入实践，各种教育实验得以如火如荼地展开。道尔顿制、设计教学法等开始在华东地区学校试行并推广，各种实验学校不断出现，且颇有声势。此外，一批学者注重应用心理学方法研究儿童心理，注重通过科学方法和手段得出精确的结果。可以说，郭秉文构筑的教育科学研究化路径，引导中国教育学者不断加强教育理论和实践中科学理性的指引以及科学方法的应用，且在此追求中教育统计、教育测量等学科进一步分化，推动了教育学体系的完善。

“不拘一格求新变，但开风气敢为先。”《中国教育制度沿革史》较之前的教育学著作、教材而言，开启了中国由借鉴和模仿日本教育学转为引入美国实用主义教育学术范式并结合本土实际开展教育学研究的进程。中国教育学者由此逐步尽力改变此前理论根基不足、科学成分欠缺等不足，积极寻求先进的教育理论和科学方法，自觉构建本土教育学科。郭秉文在教育史和教育学上的先驱性探索，也给人们反思历史、总结现实、走向未来留下了诸多有益启示。

姻亲世家助文教

提及郭秉文，无论是在北美求学还是其婚姻生活，都离不开长老会、清心书院、商务印书馆这几个关键点，以及由此而形成的人际关系网络。作为美国长老会在华东地区最早一批教徒的后代，郭秉文及大部分亲属都在清心中学及清心女中接受启蒙教育。郭秉文自清心书院毕业后一年，清心书院校友夏瑞芳和鲍氏兄弟等人创建了商务印书馆。商务印书馆的创立标志着中国现代出版业的开始，与北京大学同时被誉为“中国近代文化的双子星”。自1914年回国的20年间，郭秉文和他的众多亲属作为董事会的长期董事及书馆编辑，对商务印书馆的成功做出了重大贡献。在旧上海，长老会、清心中学、清心女中及商务印书馆毗邻而建，郭秉文的亲属们在一起学习、礼拜、工作，并通过联姻拉近彼此的关系。20世纪20年代，当郭秉文执掌国立东南大学前后，他的两位亲属李登辉和李培恩先后接任了复旦大学与之江大学的校长之职，另外的亲属接管了清心中学和清心女中。

虽然郭秉文娶了两任妻子，但是却没有亲生子女，所以郭秉文成了众多侄子、侄女及侄孙、侄孙女的老师、监护人、引导者，并由此形成了一个庞大的家族。郭秉文等家族先贤开启的文教事业，为后世所继承，他们共同对近代中国文化教育事业的发展做出了自己的贡献，郭秉文等人也因此受到后人的怀念。

清心书院再任职

1896年，郭秉文毕业于清心书院，留校任教一年后，担任政府公职，但郭秉文与清心书院的联系并未就此结束。因为郭秉文的第一任妻子鲍翠凤是鲍哲才（上海清心堂牧师）的幺女、清心女中首届毕业生之一，参加了官方记载的中国第一个女校毕业典礼，婚后更名鲍懿。鲍哲才是美国长老会早期的华人牧师，商务印书馆的八位创办人中有六位是他的儿子或女婿，其中他的女婿郭秉文曾位列董事局成员多年。郭秉文留学归国后，与商务印书馆更是保持着密切的关系。

20世纪初，清心中学也因其供职于商务印书馆的知名校友而获益匪浅。1910年圣诞夜，清心中学五十周年校庆，同时思鲍堂正式开放，包括一个小礼堂和两个讲堂。思鲍堂由鲍哲才的三个儿子及三个女婿捐赠的10000鹰洋修建而成。

1910年“思鲍堂”发起人等合影，他们是鲍哲才的三个儿子和三个女婿，从左至右分别是夏瑞芳（二女婿）、鲍咸亨（三儿子）、鲍咸昌（二儿子）、郭秉文（三女婿）、张桂华（大女婿）、鲍咸恩（大儿子）。

校园扩建后清心中学招收了更多的学生。1910年上半年，清心中学共有80名学生，相比前一年的75人有所增长，而下半年学生人数达到108人，其中很多学生来自非基督教家庭，但是他们中的很多人后来信仰了基督教。郭秉文在他的博士论文中提及，截至1912年，长老会教士（不包括天主教）在中国建立了3708所小学、5537所中学以及30个高等教育机构，其中9个具有大学资质。截至1914年，清心中学共有160名学生。随着学校的飞速发展，思鲍堂仅仅在开放5年后就已经超出了其容纳能力。

郭秉文回国以后，与老师薛思培重新取得了联系，开始帮助清心中学往更高层次发展。1917年，清心中学进行了重组，学校名称由“清心中学”改名为“清心学院”，新成立的董事会理事主要由中国人组成——其中5位是清心中学校友，6位来自外校。郭秉文被选举为学院董事长，薛思培任副董事长。新成立的学院包括1918年建立的实业部和普通中学以及1924年建立的商业部（1937年关闭），教会报告称“这在中国是独一无二的”。这一举措赢得1000余名清心校友包括黄楚九、沈缦云、董显光等人的支持。

清心中学改名前后，虽然学校不再面临财政困难，但掌校长老会牧师还是沿袭一贯的传统，职业培训仍然是该校教育的主要环节，比如，部分学生在校的第二学期会去美华书馆参与产品的印刷。

郭秉文在清心中学校内和校外都是职业教育的积极拥护者，1917年，他与黄炎培及其他46个商业和学术界带头人联合创办了中华职业教育社（NAVEC）。通过该机构的不断努力，中国职业教育的地位得到很大提高，截至1924年，在中国开设职业教育课程的学校不少于1353所。1921年，郭秉文参与了上海商科大学的筹划，他的众多上海亲友也参与了该大学的创办。

20世纪20年代，清心书院与商务印书馆家族依然保持着密切的联系。清心中学和清心女中由商务印书馆创始股东及长期董事张桂华的大儿子和二女儿执掌，即张石麟和张蓉珍（1892—1962），两人曾分别就读于这两所中学。尽管张桂华是一个精明的商人和投资者，但他的孩子没有一个从商的，他们将财力全部投入到教育和社会服务之中。张石麟毕业于上海的圣约翰大学，获得哥伦比亚大学教育学硕士学位。在一战期间，他作为基督教青年会志愿者为在法国务工的中国劳工服务，之后，他回到中国成为清心中学的中文教师及管理者，帮助薛思培和郭秉文完成清心书院到清心中学的转变，帮助建立学校的童子军（1922年）及商科（1924年）。

1925年6月，北洋政府强制所有基督教学校任命中国人为校长，张石麟继薛思培任清心中学校长，1927年他还担任清心女中的临时校长，在此期间尽力保护学校免遭北伐部队骚扰。1928年，他用其弟张玉麟早逝所得的人寿保险赔偿金建造了游泳池，1930年，用校友募捐资金建了一栋校舍，1932年用他自己继承的遗产建立小学，并于1937年建造了一栋图书馆。1937年日军侵略上海时，为了保证学生的生命安全，他将学校转移到公共租界。不幸的是，张石麟于1944年1月日本占领期间去世，他妹妹张蓉珍继任临时校长7个月后，另一亲属王心康（1903—1979）成为清心中学校长。张石麟去世后，用他的住所和个人藏书建成了学校的新图书馆。他任职期间的学生有诺贝尔奖获得者李政道、漫画家丁聪、世界卫生组织医学专家史玉泉以及铁道部副部长汪菊潜。

张蓉珍追随哥哥的脚步在哥伦比亚大学师范学院学习并于1917年获教育学硕士学位。成为清心女中校长前，张蓉珍为上海很多女子中学工作，包括清心女中。1928年，清心女中校董事会任命她为校长，自此她连任校长34年。1936年她父亲去世的时候，她将父亲留给她的40000美元遗产全部捐给清心女中用于科学实验楼的建设。她连任校长时，清心女中只有三栋校舍。在她任职期间，学校新建了5栋校舍，包括北大楼（1930年）、西大楼（1935年）、餐厅（1933年）、东大楼南部以及图书馆（1948年）。1937年，由于日本侵略加剧，她将校址迁到法租界内的静安寺路上，那时学校已经发展成中学部和小学部，共有学生1227名。任职期间，她保持了最高的学术标准，坚持教授除了英语和中文之外的所有课程，由此，清心女中比肩中西女中、圣玛利亚女校（卫理公会），跻身于旧上海顶级的女子学校之列。它培养了一批出色的学生，不仅包括社会名流，还包括科学家、音乐家、教育家以及外交家。张蓉珍在清心女中的工作得到她两个妹妹张蔼珍（1903—1974）和张玉珍的协助。

1949年新中国成立后，1953年6月清心中学由上海市人民政府接管后改名为上海市市南中学，清心女中接管后改名为“上海市第八女子中学”，1969年起兼收男生，遂改称为“上海市第八中学”。虽然两校早已不设立基督教课程，但学校充分尊重其基督教背景，学校网站在校史沿革中仍然提及早期办学情况。

商务舵手夏瑞芳

由于清心书院的校友关系以及与商务印书馆创始人鲍、夏两家的姻亲关系，郭秉文一直以来与商务印书馆有着密切的往来。商务印书馆的缘起，要从清心中学和美华书馆说起。而商务印书馆的主要舵手则是夏瑞芳（1871—1914）。夏瑞芳主持商务印书馆时期，与编辑团队张元济等共同立下“吾辈当以扶持教育为己任”的誓言，这也成为商务印书馆的出版方针，他们以“从教育着手，改变中国，变法图强”的壮阔胸怀，把“开启民智，昌明教育”确立为自己的使命。

夏瑞芳1871年出生在青浦县（今上海市青浦区）沈巷乡南库村的一个贫苦人家，父亲是挑糖担子的小贩，只能赚一点小孩儿们的零用钱，根本养活不了一个家。在不得已的情况下，母亲离开他们，到上海给人帮佣，赚钱养家。日后，因为战乱，其父也离开家乡到上海董家渡开了一家卖杂货的小店。夏瑞芳留在老家，寄养在大伯家，帮忙放牛。11岁的时候，由于思母心切，遂偷偷地到上海寻母。夏瑞芳寻母成功，同时也感动了帮佣的负责人，即清心学堂的范约翰牧师。母子也认为，此次相逢，是受到了耶稣基督的保佑。范约翰牧师看他聪明伶俐，便送他到清心书院读书。

夏瑞芳涉足印刷业，源于清心书院对印刷业的重视，而这则是由长老会下设出版机构对劳动力的需求所决定的。长老会1844年在澳门开设了一家小印刷厂，专门印刷中文版的圣经，名为花华圣经书房（Chinese and American Holy Book Establishment），是花旗和华文圣经印刷房的简称。宁波开放口岸以后，1845年长老会把该印刷厂搬到了宁波，主要印刷宗教典籍，还在各圣书公会和各基督教教育、医学协会出版所需的各种特殊书籍时提供帮助，并附带翻译和出版西方的一些科学书籍。

1858年，美国长老会派遣传教士姜别利（William Gamble）来华主持花华圣经书房。姜别利，出生于爱尔兰，早年移居美国，青年时代曾经学习印刷，在费城一家大的出版公司当工人，后来又去纽约参加了《圣经》出版社的工作，直到被派到宁波担任书馆的主管工作。他不仅带来了铅字和字模，在1859年至1860年间，还发明了用电镀法制造铅活字铜模的新方法，并制成了大小七种铅字，称为“美华体”，即后来的宋体字。这种字模和铅字发明以后，美华书馆大量制造，出售给上海、北京等地的报馆、书局，成为此后几十年中国最通用的字模和铅字。他还按照汉字使用频率的多少按部首设计成元宝式的字盘和字架，提高了排字效率，并为中国印刷业长期采用。

1858年鲍哲才从宁波“崇信义塾”毕业后，进入该厂做排字工人。1862年，姜别利在鲍哲才等同事的帮助下将花华圣经书房迁到上海，并改名为美华书馆（American Presbyterian Mission Press）。很快，在姜别利、鲍哲才、范约翰、乔治菲奇等人的相继领导下，美华书馆成为中国最大、最先进的出版社，也成为后来商务印书馆的摇篮。

鲍哲才在美华书馆任职不久，他就被任命为长老会的第一位华人牧师。比起出版业，鲍哲才更喜欢宗教事务，他在上海大南门长老会教堂发展了120位信徒，并且帮助长老会在苏州站稳了脚跟。

尽管鲍哲才在美华书馆任职时间不长，他依然通过在劝世小书会的工作，参与了出版事业，劝世小书会出版了很多刊物。鲍哲才将自己的三个儿子——鲍咸恩（1861—1910）、鲍咸昌（1864—1929）、鲍咸亨（1867—？）招收进清心书院，并鼓励他们参与美华书馆的工作，其中长子咸恩学习刻字，次子咸昌学习排字，三子咸亨学习印刷。

清心书院因为美国内战而发生经济困难，所以改为半工半读以维持下去，男同学必须参加种植、园艺或印刷工作。因此夏瑞芳不仅在清心书院学到了印刷知识，还结识了同窗好友鲍咸恩、鲍咸昌兄弟和高凤池（1864—1950）等人。此后，他们四人共同创立了商务印书馆，尤其是鲍氏兄弟对夏瑞芳帮助最大，夏瑞芳还娶了鲍氏兄弟的二妹鲍翠玉，成为鲍氏大家庭中的一员，高凤池则是商务印书馆的买办。

1889年，夏瑞芳的父亲去世，在清心书院半工半读的夏瑞芳也已年满18岁，为了养家糊口，他开始了职业生涯。毕业后，他在洋人报馆里做英文排字工，先后在文汇西报馆、字林西报馆和捷报馆工作。在所有洋人设立的机构中，中国雇员都是受歧视的。当时捷报总经理兼编辑是英国人奥谢（O'Shea），其脾气极坏，对于工友非常轻慢。三四十年前，西人那种不可一世、轻视华人的心理非常严重。1895年，因不满资方克扣工人工资，夏瑞芳率排字工人罢工，致使当日报纸未能出版。据高凤池回忆：

> 我与夏、鲍二先生是幼小时候的同学，又以宗教信仰相同，星期日做礼拜，常常在教堂里会面；午后又常常在城隍庙湖心亭吃茶，有时上小饭馆吃饭，真是少年知己，无话不谈。他们所感到的痛苦，常常告诉我，同我商量，想谋一条出路。这样谈谈，后来谈到创办印书房上面。

由于不愿意再为洋人干活，希望开创自己的事业，1896年4月15日，夏瑞芳与鲍氏兄弟（鲍咸恩和鲍咸昌）、高凤池等人，开始酝酿创办印刷厂并草签了协议，确定认股资金4000元，股东8人，每股500元。

1897年2月11日，夏瑞芳联合鲍氏兄弟、高凤池等同窗好友，集资3750元大洋，在上海江西路德昌里创办了一家印书作坊，取名为商务印书馆。其他创始股东包括在电报局工作的鲍哲才大女婿张桂华，郁忠恩的大儿子、鲍咸昌的妹夫郁厚坤，另外还有两个没有亲戚关系的人。夏瑞芳时年26岁，并未有太多的积蓄，其所占的一股500元是通过其妻鲍翠玉向一位女校同学借贷才凑齐的。

这七个半股份中，夏、鲍氏兄弟一人一股，大股是沈伯芳，他跟夏、鲍不同，不是长老会的，但也是洋教徒，信奉天主教，其父为苏沪地方官府的法文翻译，不但为官面上人物，还是个洋帮办，因此家道比夏、鲍两家富裕，他一人占两股1000元。余下的两股，徐桂生占一股，高凤池、张桂华、郁厚坤等各半股。八个创始股东中，除了沈伯芳、徐桂生以外，六人不仅是长老会教徒而且还是亲戚，夏、鲍、高三大家族在商务印书馆工作了几十年。商务印书馆成立后，夏瑞芳被公推为经理。

商务印书馆创办时的股份情况

序号	人名	股份	金额
1	鲍咸恩	一股	500元
2	夏瑞芳	一股	500元
3	鲍咸昌	一股	500元
4	徐桂生	一股	500元
5	高凤池	半股	250元
6	张桂华	半股	250元
7	郁厚坤	半股	250元
8	沈伯芬	两股	1000元

资料来源：商务印书馆.商务印书馆九十五年——我和商务印书馆（1897—1992）[G].北京：商务印书馆，1992：2–3.

郭秉文并没有加入处于起步阶段的商务印书馆，事实上高凤池和张桂华两人也仍继续从事他们的工作，后来公司壮大后他们才加入，并在未来发展中扮演了重要的角色。

资本凑齐后，即着手开办，但这一点数目那（哪）里够用。当时仅置备三号摇架三部，脚踏架三部，自来墨手扳架三部，手揿架一部，其余略办中西文铅字器具，所有3750元的资本几乎完全用完了。当时夏、鲍二君都抱着一种破釜沉舟的决心，实在太冒险了。

商务印书馆名字的由来颇具戏剧性。一日，鲍哲才的大女儿人称“鲍大姑”和丈夫来印刷厂商量印刷厂命名大计，几位大男人在旁边急得抓耳挠腮，她在旁边翻看刚刚印出的印刷品，自言自语地说道：“你们印的这些簿记和广告宣传单，都是Commercial档呀！”众人听闻，灵光乍现，就给公司先取了英文名字“Commercial Press”，随后再翻译成中文，即为商务印书馆。

1895年甲午海战失败后，国人对西方知识的需求增加，教育系统也逐步迈向现代化，商务印书馆很快意识到印刷教科书既有商业意义又有社会价值，于是开始涉足该领域。

和当今中国一样，学习英语是在商务领域或者行政领域获取成功的途径，特别是在有很多特许经营权的上海。当时的上海滩，懂洋文不仅时尚，而且能赚大钱。夏瑞芳女儿夏璐德说，她的父亲为了学英语，深夜读英文报纸，甚至为了使外国人更容易发音，他还将自己的姓由Hsia改为了How以减少“中国味”，并且How很接近上海人念“夏”的发音。当时供人们学习的英文课本有七八种，但全书都以英文编写，初学者学起来很不方便。其中《华英初阶》是一本很受欢迎的英文入门教科书，原是英国人为印度人编写的课本。

夏瑞芳看准这一时机，在1898年雇佣谢洪赉[①]（1873—1916）将采用最广的《华英初阶》加入中文翻译，配课文单字汉语释义，由商务印书馆出版。第一版的2000本在20天内销售一空。商务印书馆紧接着出版了《华英进阶》（一至五集），“行销极广，利市三倍”。《华英初阶》是商务印书馆的第一部出版物，也是名利双收的出版物。

随着企业的发展，为淡化姻亲色彩，夏瑞芳通过增资扩股，改造股权结构。1901年，商务印书馆实行了第一次增资扩股，吸收张元济和印有模入股。这时商务印书馆的资本经估价已达26250元，张元济和印有模投资23750元，总资本5万元。商务印书馆更

①谢洪赉，1873年5月9日出生于浙江绍兴丈亭镇，居长。父亲谢元芳毕业于美国北长老会在宁波兴办的最早的教会学校——崇新书院，是浙东长老会最早的信徒之一，后为长老会牧师，宣教于当地。他曾入基督教监理会主办的东吴大学的前身博习书院（Buffington Institute）就读。毕业后，谢洪赉以兼职翻译来补贴其作为上海英华中学教师的收入。

名为“商务印书馆股份有限公司”，夏瑞芳继续担任总经理。

1902年，夏瑞芳邀请张元济（1867—1959）作为编译主任加入商务印书馆，以提高出版物质量。夏瑞芳因为业务关系与张元济相识于1899年，当时张元济任南洋公学译书院院长，南洋公学的印刷业务交由商务印书馆承担。鉴于一些出版物因质量问题而投入市场无人问津的窘境，夏瑞芳意识到“组织书稿出版图书不是门外汉所能胜任，必须要由真才实学之士担任，还必须建立自己的编译所”。他想到，理想的总编辑只能是张元济。拥有雄才大略的夏瑞芳毫不犹豫地接受了张元济的戏言——每月350块大洋的“天价”高薪，继而打动了张元济。

张元济的加入不仅使商务印书馆真正成为一家以编书、印书为主的出版企业，还吸引了包括蔡元培、严复和林纾等在内的大批知识分子成为商务印书馆的员工或关系密切的作者，许多思想进步、才学出众的知名人士，如蒋维乔、庄百俞、寿孝天、高梦旦、杜亚泉和黄元吉等先后加入商务，不仅改变了编辑队伍的人员组成和知识结构，编辑队伍的整体素质大幅提高，而且从此商务印书馆便成为知识分子施展才华、实现理想抱负的重要舞台。

在张元济的领导下，商务印书馆出版了很多广受欢迎的教科书，销售量达到几十万本。据统计在清政府的授权下，截至1906年，商务印书馆出版了102种小学教科书中的54种，牢牢奠定中国教科书出版业领头羊的地位。

1903年，商务印书馆开启了第二次股权重组，通过与日本出版机构金港堂的艰苦谈判，由双方各出资10万元，重组商务印书馆股份有限公司，中方完全控制经营权、由中方出任总经理等合资条件。

与金港堂的合资经营，使得此时的商务印书馆不但引进了大量资金和先进的技术与设备，而且率先引进了外籍编辑人才和出版印刷技术人才、资本主义经营管理方式。利用与日方合资经营的便利条件，商务派遣大量人员赴日学习。借鉴日本明治维新以后现代的教科书编撰、出版理念，不仅使商务在中国的教科书出版领域独占鳌头，更为中国的教育现代化和文化发展做出了卓越的贡献。

辛亥革命后，面对日本帝国主义的侵略野心，全国性的反日情绪日渐高涨，商务董事会和夏瑞芳又果断决策，不惜一切代价收回日股。夏瑞芳往返上海和日本之间几经斡旋，最终说服日方放弃股份，使商务印书馆成为完全独立的民族出版企业。令人扼腕的是，就在1914年1月10日商务印书馆在《申报》上刊登启事、宣布全部收回日股的当天傍晚，夏瑞芳在河南路发行所门前被暗杀。

20世纪初期，在商务印书馆的业务不断扩大的同时，郭秉文在海关、邮局及浙东厘金局工作，在此期间，通过迎娶鲍翠凤（鲍哲才的三女儿），与商务印书馆家族建立了合伙关系。作为商务创始人之一，夏瑞芳自1897年被公推为经理开始，至1914年遇刺身亡，在任17年，勤奋工作，知人善任，有胆识有魄力。在他的经营管理下，商务从一个小作坊逐步发展为一个大型出版企业。他本人也从一个普通的排字工人成长为我国历史上一位杰出的出版家。基于"开启民智，昌明教育"的使命，夏瑞芳主持的商务印书馆不仅出版了占有巨大市场份额、受到西方关注的中小学系列教科书《最新教科书》，还创办了《外交报》《东方杂志》《教育杂志》《小说月报》《少年杂志》等，同时也为中国社会开辟了多元的文教、文化、文学出版传播领域，用响亮、震撼的印刷滚筒机器，在古老的民族史页上，铺垫出色彩绚丽的全民知识化的大道。

助力商务开新篇

1914年1月，郭秉文的连襟即商务印书馆经理夏瑞芳在上海被暗杀。即使是夏瑞芳在世时，商务的管理已经分为了两个派系——以张元济为首的知识分子管理的编译所和以鲍咸昌和高凤池为首的创办家族。作为总经理，有外交头脑且备受敬仰的夏瑞芳在两股势力间协调统一，夏死后，争执加剧。作为备受敬仰的学者和创始人的近亲，郭秉文被两个阵营所景仰。1914年回国初期，郭秉文就被聘为商务印书馆编辑。后因参与南京高等师范学校的创办工作而辞去商务印书馆工作。尽管郭秉文在商务印书馆工作时间不长，但他出任董事会成员及担任编辑工作持续了20年，是两种主要刊物编辑工作的带头人。

作为董事会成员，郭秉文为商务印书馆的发展做出了贡献，使其成为远东地区领先的出版公司。1918年4月13日，郭秉文首次入选商务印书馆董事会。董事会由当时国内的知名人士组成，包括梁启超、郑孝胥、著名实业家张謇及财政家叶景葵。

1920年期间，由于高梦旦决定要退休，张元济极力劝说郭秉文以编译所所长的身份重新加入商务印书馆全职工作。张元济十分敬仰郭秉文，据张的日记描述，他就此事第一次拜访郭秉文时，郭秉文礼貌地回绝了他，因为那时郭正参与国立东南大学的创办工作。张元济并没有放弃这一念头，并于6月4日再次拜访郭秉文。11月27日，张元济甚至拜访经常和他意见相左的高凤池，请他帮助说服郭秉文加入商务印书馆。12月23日，张元济和高梦旦第四次也是最后一次尝试，但是同样遭到了婉拒。张元济也邀请胡适担任编译所所长，但是胡适推荐了王云五，王于1921年接手。王云五最终于1930年成为商务印书馆总经理，自1949年起，王氏家族一直经营台湾商务印书馆。

尽管拒绝了全职工作的邀请，郭秉文作为董事会成员仍然参与商务印书馆的很多工作。1921年1月，郭秉文同意担任商务印书馆管理效率顾问，并指派时任国立东南大学管理学教授的杨杏佛（1893—1933）访问商务印书馆并参与重组工作。1921年9月，郭秉文带孟禄教授在商务印书馆与张元济会面。张元济向孟禄解释道，尽管中国教育改革已经进行30多年，但是收效并不明显，由于商务印书馆承担了国家教科书70%的印刷工作，因此压力很大。张元济提出聘用孟禄作为商务印书馆的顾问，孟禄表示他可能要明年夏天才能接手工作，因为他对商务印书馆业务进行基础研究需要四个月的时间。

郭秉文还是商务印书馆中思想开明、有进取心的董事之一，这从他支持公司冒险进军电影业可以看出来。1917年年初，他已经和张元济探讨过和日本影业公司的潜在合作计划。1917年，商务从一位美国商人处购得部分摄影器材，由照相部试拍新闻短片。1918年派往国外考察电影事业的鲍庆甲回国，设立了活动影戏部，隶属于商务印刷所写真制版部（即照相制版部），由王春生担任主任，开始拍摄一些剧情片和教育片。在我国电影发展史上，商务印书馆活动影戏部极具创新性，负责制作中国电影史上第一部动作电影（1920年《车中盗》）、第一部戏剧电影（《1921年《闫瑞生》）以及第一部特效电影（1922年《清虚梦》）。

1921年6月，第五届远东运动会在上海虹口公园举行，商务印书馆的活动影戏部在现场拍摄了三卷影片：（1）入场式；（2）各项运动决赛；（3）女学生体操和童子军操。这三卷影片开创了中国新闻纪录片的先河。另如科教片、风景片也都由商务印书馆首先拍摄，名列第一。

1923年1月召开的商务印书馆董事会上，郭秉文提出用电影盈余来扩建活动影戏部。不幸的是，此事引起争论，一些董事认为电影与公司专注教育的理念不一致，因此该提议没有得到全数支持。

1926年，活动影戏部改组为国光影片公司，并独立经营，这是中国人最早经营的电影公司。从1918年起的八年内，陆续拍摄了梅兰芳主演的剧情片《天女散花》《春香闹学》，另外还拍摄了教育片《儿童教育》《养真幼儿园》《养蚕》，风景片《南京名胜》等。

20世纪20年代后期，上海电影事业发展迅速，外国影片也纷纷拥入，竞争激烈。一时武打片、风花雪月片、“儿童不宜”片充斥市场。商务恪守当初创办电影事业的宗旨，不愿随波逐流，可惜由于市场有限，投资太大，回收缓慢，因资金不足，公司成立一年后便在1927年结束了业务。这些从影的人员，纷纷离开商务，干起专职的导演、摄影师和演员，成为中国早期的电影人才。

商务印书馆涉足电影事业，是为了教育的目的，以教育片、时事片、戏曲片和风光片为主，宗旨是“表彰吾国文化”，“抵制外来有伤风化之品，冀为通俗教育之助”。

郭秉文与商务印书馆的合作，还表现为对出版业的贡献，除了在商务印书馆出版自己的博士论文《中国教育制度沿革史》以外，郭秉文还负责《英汉双解韦氏大学词典》的翻译工作和《双解实用英汉字典》的出版工作。

1917年秋天，商务印书馆邀请郭秉文参与《英汉双解韦氏大学词典》的翻译工作。1828年美国词典编纂家N.韦伯斯特自行出版《美国英语词典》二册，就是后来人们所熟知的《韦氏词典》，该书成为继英国约翰逊《英语词典》之后的经典辞书。韦氏死后，开印刷所的兄弟二人G.梅里厄姆和C.梅里厄姆买了韦家的版权，以梅里厄姆·韦伯斯特公司的名义出版梅里厄姆韦氏词典。1847年修订第一版印出，合订成一巨册，并配上插图。1890年改书名为《韦氏国际词典》（意即通用于英语国家），并迅速成为真正的高阶学习的参考词典。商务印书馆最开始的翻译工作在外界帮助下花了整整两年时间才完成。1909年《韦氏国际词典》修订并更名为《韦氏新国际词典》，为此商务印书馆指派一个专门的词典小组，在资深英语编辑张叔良（人们所熟知的张世鎏）的带领下协助郭秉文进行修订工作。

根据1922年10月的《韦氏大学字典》中文版的序言，“同与于编译校订之役者，三十有七人。取合作之精神，为分工之组织，凡专门名词之审定、声音训诂之钩稽，各以所学，殊其供献。”这37位专家，包括蒋梦麟、刘伯明、陈布雷、李培恩。

1923年5月出版的《英汉双解韦氏大学字典》（Webster's Collegiate Dictionary with Chinese Translation）是商务印书馆在民国期间出版的最厚重的一部英汉词典。这部多达1768页的词典是以《韦氏大学英语词典》第三版（Webster's Collegiate Dictionary，Third Edition）为蓝本经过五年多的时间编译而成的。这部词典的主编是郭秉文和张世鎏，副主编是蒋梦麟、厉鼎骧、冯蕃五和吴康。据编译者在序言中的介绍，这部词典有四大特色，即贴切且简短的译文、新词的增收、补遗的设置以及新国旗的增设。第一版中总共有9篇序言，写序的名人包括著名教育家蔡元培、著名的法理学家王宠惠以及同样是职业教育倡导者的黄炎培。蒋梦麟形容韦伯斯特是他的“美国老同学”，他很欣慰现在韦伯斯特成为中国年轻人的“新朋友”。词典出版后，第一版的5500本很快销售一空。

商务印书馆的成功很快引来争议。梅里厄姆·韦伯斯特出版社于1923年在上海公共租界混合法庭向商务印书馆提起诉讼，援引1903年颁布的中美间版权及商标法律条文。训练有素的英国律师丁榕为商务印书馆辩护，他是商务印书馆的董事之一，也是谢洪赉的妻舅。他列举了一些争议，从1903年的条款字面上提供的版权十分有限，并且热情赞扬商务印书馆帮助国人获得国外知识方面表现出来的爱国主义。作为商务印书馆的经理王显华（郭秉文弟弟郭秉钧的妻舅）也出庭作证，指出韦氏词典商务印书馆版本耗费了大量的财力和人力，无论在国内还是国外都没有任何公司可以做得比商务印书馆更出色。最后，法院认为词典不在享有著作权保护的美国作品范围内，但是驳回了商务印书馆关于使用韦伯斯特印章不过是无意巧合这一说法，因此法庭对商务印书馆处以1500银元的罚款，允许它继续发行无认证印章的该词典。梅里厄姆的上诉于1923年11月被驳回。

1925年到1930年赴美期间，郭秉文每年都被重新选举为商务印书馆董事，1930年回国后重返岗位，20世纪30年代的动荡时期一直兼职商务印书馆工作。1932年1月，日本的空袭完全摧毁了商务印书馆的上海基地，包括46万本珍贵藏书。在王云五以及包括郭秉文在内的董事会的领导下，公司迅速重建，截至1935年重新雇用了36个部门的4000名员工，并且每天至少发行一本新书，这比1932年被摧毁前的效率还要高。

1935年，郭秉文作为合作编辑，参与商务印书馆另一部主要辞书《双解实用英汉字典》的编辑工作。

1935年8月出版的《双解实用英汉字典》（A Practical English—Chinese Dictiona0’）由李登辉、郭秉文和李培恩担任主编，王箴、孙宗钰、郭美德等人担任副主编。这部词典除1643页正文外还包括英文序言、编辑大意、读音符号、略字表、商业术语略词表以及22页的商业术语词典。据编者们在“编辑大意”中的介绍，“本书以美国最近出版之Winston Simplified Dictionary为蓝本，复参考Oxford，Webster，Standard，Century及汉译各大字典，辞典，补充而成”。

实际上，这部词典是家族产物，因为郭秉文的很多亲属参与了编写。李登辉是郭秉文兄长郭秉钧的连襟，也是复旦大学的第一任校长；李培恩（娶了郭美德）是郭秉文的侄婿，同时也是之江大学的校长；郭美德是郭秉文的侄女；王箴（娶了郭美息）也是郭秉文的侄女婿。《双解实用英汉字典》很受欢迎，在第6个月内就发行了8个版次。

郭秉文在递交给美国图书馆协会50周年纪念大会的名为《中国图书沿革史及其对中国文化的影响》（The Evolution of the Chinese Library and Its Relation to Chinese Culture）的演讲稿中，列举了促进中国图书业进步的三个原因：第一是现代教育的快速发展；第二是中国的文艺复兴或者说新文化运动；第三是出版社的成就。

在第三方面，他对商务印书馆的成就感到非常自豪，并且特别指出商务印书馆的成就：

> 商务印书馆有限公司1897年建立，前面已经提到，致力于各类图书的出版。截至1925年8月，已出版中文书、英文书及其他语种图书14523本，包含中学和大学的教科书，地图、绘画，从古典作品的重印到各学科的普通读物。此外，这个公司还出版20多种杂志，例如，《东方杂志》《教育评论》《妇女杂志》《小说月报》《小说世界》《学生杂志》《青年杂志》《儿童世界》《学生英语》《英语周报》《科学杂志》《历史和地理》《健与力》《农业》，等等。

夏家有女结新缘

郭秉文的第一次婚姻并不成功，其具体原因尚不清楚。1935年10月12日，他和第二任妻子夏璐德（1901—2005）在杭州西湖结婚。

夏璐德是夏瑞芳的二女儿，中学就读于上海中西女子中学，后出国深造，毕业于新英格兰音乐学院（New England Conservatory），是位多才多艺的钢琴家，毕业回国后，任中西女中音乐老师。当她的姨夫郭秉文跟姨母鲍懿婚姻破裂后，璐德在杭州嫁给了姨夫郭秉文，改名夏瑜。这宗由姨甥变太太的婚姻并非为所有人接受，比如与她年纪相近、郭秉文的义女郭美德就接受不了。但是，如果从郭秉文的角度而言，这场婚姻是天作之合。因为20世纪30年代初，郭秉文的政治生涯、外交使命才刚刚开始，事业正走

1966年郭秉文夫妇华盛顿合影

向新的阶段，他需要一位年轻、善于与外国人交际的外交官夫人作为帮手，而夏璐德非常符合这些条件。

他们二人结婚后，夏璐德女士对郭秉文的事业帮助很大。1936年至1947年，郭秉文在英国和美国作为战时外交官期间，她成为一位出色的外交官妻子。她在美国邮务部工作多年，也一直是华盛顿国际妇女会的会员。1944年，夏璐德代表中国参加世界妇女日纪念活动。在演讲中，她说，我们应该努力将战后的世界塑造成一个勇敢的新世界。1969年8月29日郭在美国逝世，此后，夏璐德继续在华府邮局工作，一直到退休。

夏氏家族凡有活动聚会，夏璐德总是中心人物，她对待所有子侄辈以宽厚与慈爱。由于夏璐德是族中辈分最高的阿姨，晚年在美子侄必到她华府家中作每年一次聚会，好不热闹，她亦是家族中最长寿者，2005年以104岁高龄在华盛顿老人院逝世。夏璐德膝下无子嗣，认领了聂崇勤作义子，并给他改了跟秉文一样的英文名字“Peter”，同时将郭秉文的外甥女胡普霖（最小的妹妹郭志超的女儿）视如亲女，夏璐德晚年亦主要由她照顾。胡普霖也追随她舅舅的脚步，获得哥伦比亚大学师范学院教育学硕士学位。

郭氏家族助文教

郭秉文所在的郭氏家族以及姻亲，虽然从事多种行业，但是其核心业务却是文教事业，并且多有建树，这样的一个庞大家族，开枝散叶，最后构成了一个教育的世家。下面以郭秉文所在的郭氏家族和郭秉文第二任妻子夏璐德所在的夏氏家族为例，作一介绍。

郭秉文家族从事的文教事业

姓名	与郭氏的关系	服务的院校	职务	城市
郭秉文		国立东南大学	校长	南京
郭秉钧	郭秉文的哥哥	明强中学等	校董	上海
李登辉	郭秉钧的妹夫	复旦大学	校长	上海
李培恩	郭秉钧的女婿	之江大学	校长	杭州
王箴	郭秉钧的女婿	厦门大学、之江大学等	教授	厦门、杭州等
郭美德	郭秉钧的女儿	振粹小学	校长	上海
郭锡恩	郭秉钧的儿子	金陵大学	总务主任	南京
阮润桓	郭秉钧的女婿	东吴大学	教授	上海
汤凤美	郭秉文的侄女	上海美专	教师	上海
陈裕光	郭秉文的侄女婿	金陵大学	校长	南京
郭志明	郭秉钧的孙子	南加州大学	律师	美国

郭秉文的长兄郭秉钧（梅生）在邮政局任职之后进入商务印书馆，曾任发行所长。1925年上海“五卅惨案”以后，《东方杂志》印特刊，郭秉钧曾被有关部门扣留。1944年他与周昌寿一同升任商务印书馆协理，前后服务公司20多年。郭秉钧工作之余也热心于教育事业，曾出任浸信会在闸北办的小学、初中、明强中学及晏摩氏女中等校的校董会主席。

郭秉钧的太太汤宝琳是清心堂首任华人牧师汤执中（Tong Tsaeh Tsoong）的三女儿。汤宝琳也是清心女校毕业生，22岁嫁郭秉钧并为他生育了7个子女，她同时还是怀恩堂教友及女青年会董事。汤宝琳的妹妹汤佩琳（Helen Tong）在1907年嫁给了比她年长15岁、日后成为复旦大学校长的李登辉（Teng-Hwee Lee，又名腾飞）。

李登辉是印度尼西亚的华侨，1899年毕业于美国耶鲁大学，后在槟城英华书院当英文主任，也曾与林文庆医生在槟城合办私立英校，但不太顺利。1904年，李登辉前往上海，并加入基督教青年会。他积极筹组“寰球中国学生会”，当会长超过十年。据说，他回国初期邀请清心女中毕业生汤佩琳作为自己的中文老师，日久生情结为夫妇。1906年，李登辉担任复旦公学的教务长，兼授英、法和德文等科目。1913至1916年继马相伯之后，成为复旦公学校长，1917年复旦升格为大学后续任校长直至1936年。1936年8月，国民政府压制复旦学潮，因不愿干预学生抗日运动，李登辉被迫“请假休养”。1942年复旦改为国立后，李登辉正式卸去校长职务。

复旦大学第一任校长李登辉

之江大学第五任校长李培恩

汤佩琳1931年病逝后，李登辉怀念她终身不再续弦，又在校园建佩琳疗养院。虽然李登辉在1913年做过中华书局英文主编，但他一生写过的三本书都是与商务印书馆合作的。1926年6月出版《李氏英语修词作文合编》，抗战时被指定为大学一二年级英文教材；1935年又与郭秉文及李培恩合编《双解实用英汉字典》。

郭秉钧的大女儿郭美丽（Amelia Kwoh）嫁给杭州之江大学校长李培恩（Baen Elmer Lee）。李培恩生于杭州，1910年毕业于之江大学前身的育英书院，1911年至1917年在邮局任职。1917年至1920年在商务印书馆任编辑，同时也在上海东吴法学院学习。考虑到郭秉文、郭秉钧此时与商务印书馆的业务联系，李培恩应该由此进入了郭氏的选婿行列。

1921年，李培恩获芝加哥大学商业行政管理硕士学位，1922年，又获纽约大学工商管理硕士学位。1922年回国后任上海商务印书馆英文编辑，兼任东南大学、暨南大学等校的教授，在当时商科教学方面颇有声誉。此外，他还担任了杭州之江大学的董事会成员。杭州之江大学前身是1845年设在宁波的崇信义塾，1867年迁入杭州，称育英义塾，后改为育英书院，1911年迁于月轮山六和塔西、风景秀丽的秦望山麓，面对钱塘江，取名为“之江学堂”，1914年正式改名为“之江大学”。

因为政府要求所有教会学校立案等原因，之江大学第四任校长费佩德（Fitch, Robert Ferris）1928年提出辞职。1929年，校董事会推举教育家朱经农博士为校长。朱因故未到任。1929年秋，之江大学董事会邀请校友李培恩代理校长一职。1930年，朱经农任教育部次长，不兼之大校长，校董会正式推举李培恩为校长，聘孔祥熙为名誉董事长。李培恩担任之江大学校长直至1949年。

李培恩曾在之江大学亲自教授经济学课程，并采用全英语教学，要求学生作业和考卷全部使用英文，对学生的作业和考卷用英文批改。不但改正作业和考卷中的错误，并对学生英文中的语法、词句错误、错字一一纠正。

李培恩还聘请翻译家、教育家林汉达来校任教。据英文专业学生回忆，林汉达初来上课时，学生们还嫌弃他不是外籍老师。可他一走上讲坛，一口流利的英文，立即让大家佩服至极。由他编写的初中和高中标准英语读本由中华书局印刷出版，中华人民共和国成立后还被不少学校使用。林汉达翻译的狄更斯名著《大卫·科波菲尔》更是获得了叶圣陶的赞誉。

学校还特地举办一些英文方面的讲座和比赛以激发学生学习英语的兴趣。根据浙江省档案馆馆藏浙江文史资料记载，1927年的华东教会大学（金陵、东吴、圣约翰、沪江和之江）的联合运动会和英语辩论会就是在之江大学举办的。在1945年之江大学百年校庆时，林汉达还专门提议举行百年校庆英语演讲比赛，这份号召学生参赛的通知也保存在浙江省档案馆馆藏民国档案中。

郭秉钧的次女郭美息（Mei—Shih Kwoh）嫁给了王箴（Chen Wang）。王箴曾用名铭彝，是江苏江阴人。1918年毕业于上海大同学院普通科，1920年在北京清华学堂毕业，被派往美国留学，1926年获康奈尔大学哲学博士学位。回国后参与南京中央工业试验所筹建工作，并担任研究指导。1932年起从事教学工作，历任厦门大学教授兼化

王箴主编的《化工辞典》

学系主任、浙江大学化工系教授、之江大学教授兼化学系、化工系主任、交通大学化学系教授、沪江大学化学系教授。

1932年王箴参与了中华化学会改组为中国化学会工作，还担任过中国化学会杭州分会会长。1946年他和陈聘丞、曹梁厦等发起创刊《化学世界》，1949年起任总编纂、编辑委员会主任委员40余年。1952年起在上海工业局任职，为中国化纤工业的奠基者。由于他精通五国语言，他的著作繁多，中华人民共和国成立后商务印书馆出版的一系列化学教科书都是由他编写。

郭秉钧的三女儿郭美德（Maida Kwoh，1907—2007）自沪江大学毕业，获奖学金到密歇根大学攻读教育硕士，1930年毕业后回国曾任教于姨丈李登辉所在的复旦大学，后任培城女中教导主任，振粹小学校长，并曾任上海女青会长。她的丈夫阮润桓（Jack Yuen，1908—1988）是她的密大同学，阮为夏威夷土生华侨。自密歇根大学取得法学博士学位后回国执业，曾任东吴大学法学教授。

郭秉钧的七子郭锡恩（Edwin Kwoh，1916—2011），1938年自之江大学毕业，后从美国普林斯顿大学取得神学学士学位，并于1946年从纽约哥伦比亚大学取得教育学博士学位，论文为《留美中国学生》，比他的叔叔晚了32年。在哥大时他结识了在芝加哥大学念硕士的加州华侨邓如鸯（Beulah Quo，1923—2002）并于1946年8月在加州结为夫妻。他的美籍华人妻子邓如鸯1947年完成她的硕士论文《美籍华人大学生的职业地位》。可以说，他们两人一如既往地延续了郭秉文早年对海外华人尤其是海外留学生的关注。

当年金陵女大校长吴贻芳作为中国代表到纽约参加联合国会议，认识了在哥大进修的郭锡恩，吴贻芳邀请他毕业后回国出任金陵总务主任掌管行政，太太邓如鸯则当社会系讲师。几年后他们又返回美国，定居洛杉矶。他们的长子郭志明是美国的移民法权威，为南加州亚太法律中心（APALC）的执行主任及总裁。1998年曾获加州律师杂志颁发的年度律师奖，并成为首位获得素有“天才奖”之称的“麦克·阿瑟基金学人奖”的亚裔律师，曾任加州大学法律教授并为“百人会”的成员。

郭秉文的另一弟弟郭秉棋，又名涤生，在海关工作，太太夏美龄是宁波夏光耀牧师的千金，商务印书馆经理兼发行所所长王显华的太太夏美月的姐姐。王显华是慈溪长老会长老王秉刚的儿子，除商务以外代理派克笔（Parker Pen）致富，但不幸的是五十多岁时便因心脏病而辞世。其长子王心康（Samuel Wang，1903—1979）早年赴美留学，后在1944年出任清心男校校长，曾任北堂执事，新中国成立前夕去了美国。他娶远亲汤仁熙牧师的侄女、郭秉文妹妹郭秀娟的长女汤凤美（Irene Esther Tong）为妻。汤凤美在上海时为清心堂妇女服务团长，又为上海美专钢琴教师，学生包括后来成为名音乐教授的康讴；妹妹汤绚美更是上海工部局乐团多年指挥梅百器（Mario Paci）的入室弟子。王显华次子尔康在四行储蓄会任经理，娶表妹郭安锡（秉祺女）为妻，使郭家跟王家亲上加亲。

20世纪20年代，国内掀起的反基督教教育运动，推进教会学校管理的本地化，国内的教会学校开始向教育部注册备案，中国人开始执掌教会大学。除了上述提到的郭秉文的侄女郭美丽的丈夫李培恩接替费佩德成为母校之江大学的校长以外，另外一位由郭秉文亲属掌管的教会大学是由美国基督教会美以美会（卫斯理会，Methodist Church）在南京创办的金陵大学。

金陵大学校长陈裕光

掌管金陵大学的是陈裕光（1893—1989），他娶了鲍咸昌的二女儿，也就是郭秉文第一任妻子鲍懿的侄女鲍春菊。陈裕光出身于宁波的长老会家庭。金陵大学毕业后，陈裕光赴美留学，1922年获得哥伦比亚大学有机化学博士学位，回国后在国立北京师范大学任教，1925年加入金陵大学。1927年3月，北伐军抵达南京，时任金陵大学副校长的文怀恩在混乱中被一个士兵杀死。随后，南京国民政府下令所有基督教大学必须到教育部注册并由中国公民任校长。由于接近权力中心，金陵大学是向教育部注册的第一所基督教大学。1927年10月，长老会十分信任的第四代长老会成员、34岁的陈裕光被任命为金陵大学校长，这也是所有在华基督教大学中的第一个中国校长。金陵大学在陈裕光的领导下十分成功，它的农林学院是国内最优秀的农林学院。1932年，商务印书馆出版了“大学丛书”系列，陈裕光被任命为编委。1937年日本占领南京期间，陈将学校迁至四川成都并在成都经营了8年，直到战后迁回南京。

因为郭秉文和鲍懿没有自己的孩子，他们收养了弟弟郭梅生的女儿郭美德，将她过继为他们的女儿。郭美德在密歇根大学求学时遇见夏威夷籍的华人袁杰克，后来嫁给了他。那时她受资助于巴勃东方女性奖学金。郭美德随袁杰克赴香港后担任美国国际保险公司法律顾问。

夏家八女展风华

郭秉文的第二任妻子是夏瑞芳之女夏璐德。夏氏家族及其姻亲同样在文教事业上多有建树。

夏璐德家族从事的文教事业

姓名	与夏璐德的关系	服务的院校	职务	城市
夏璐德		上海中西女中	教师	上海
夏瑞芳	父亲	尚公小学	创办者	上海
鲍翠玉	母亲	夏氏小学	创办者	青浦
夏连荫	侄女	哥伦比亚大学	教师	纽约
江元仁	妹夫	上海交通大学	教师	上海
史久荣	妹夫	清华大学	教授	北京
应国民	外甥	弗吉尼亚大学	教授	美国
黄宣平	妹夫	香港中文大学崇基书院	院长	香港
潘光迥	表妹夫	香港中文大学出版社	发行人	香港

有人曾经把商务印书馆称作一个“大教育机关”，事实确实如此。商务印书馆在问世的十年间，已经发展为国内首屈一指的大型文化出版单位。商务印书馆实力雄厚，除出版大量图书、特别是教科书以外，夏瑞芳等商务人士开始积极创办学校，如函授学校、商业补习学校、夜校、幼儿园，以及在上海颇有名气的小学——尚公小学。

尚公幼稚园

1901年1月，慈禧在舆论的压力下下诏“变法”，实行“新政”；同年9月，又命各州县均设“小学堂”。1903年，商务印书馆按照清廷规定的学制率先出版了《最新国文教科书》，以供全国成立的小学作为教材，但是，在这急剧变动的时代，合格的小学师资严重缺乏。为此，商务印书馆在上海赁屋开办了一届小学师范讲习所，1905年秋开办第一届，学习时间半年；1906年春接着开办第二届，学习时间延长到一年。两届毕业生共80人，虽然数量不多，但终归为社会培养了一批掌握小学教学方法的师资力量，可以顶替从私塾转到小学的“冬烘先生”。

在举办第二届小学师范讲习所时，商务附设了一所小学，招收学生30多人，使参加师范讲习所的学员有了实习的场所。1907年，这所附属小学正式成立，命名尚公小学，招收学生50多人，分初、高二班。随着时代的进展，逐步发展成为一所完全的小学。

尚公幼稚园（又名养真幼稚园）的孩子们在做游戏

尚公小学从正式成立起，历任校长都是当时知名的教育专家和学者，如徐念慈、蒋维乔、庄俞、吴研因、杨贤江、朱经农、沈百英、高觉敷等。教员都是国内师范专科学校毕业的高才生，叶圣陶、郭绍虞当年也一度在尚公小学任教。为此，尚公小学以其齐全的设备和雄厚的师资力量，成为上海名牌小学之一。曾在“尚公”上学的商务印书馆老职工方桂生回忆：“学校的设备比较齐全，有露天操场、雨雪操场、会场、图书馆、小卖部、摄影室等，并辟有园艺基地，供学生种花、植树，作自然科实习用。”

这时的尚公小学带有福利性质，商务印书馆的每个职工可以免费送一名子女入学；同时也向社会招生。叶圣陶的长子叶至善、科普作家王天一、经济学家陶大镛等当年都是尚公小学的学生。王天一说：“我国知识界的老人中，早年就学于尚公小学的不在少数。”

1932年“一·二八”事变中被日军炸毁的尚公小学

尚公小学附属的养真幼稚园，创办于1910年。此外，商务印书馆还向爱国女校和清心书院提供经费资助，并将清心书院改为清心中学。这些社会福利活动，使夏瑞芳在工商界赢得很高威望，被推举为总商会董事，被誉为社会福利家。

夏瑞芳遇刺后，商务印书馆董事会原计划在外滩立铜像纪念这位开创老板，但是却被他的遗孀鲍翠玉婉拒了，她相信，丈夫的心愿是帮助更多的年轻人有书可读，因此，最后决定在夏瑞芳贫困的家乡青浦兴建一所学校，也就是“夏氏小学”。

鲍翠玉（1873—1938），为夏瑞芳生有一子八女。夏瑞芳遇刺身亡时，鲍翠玉41岁，长子夏鹏17岁，最小的女儿璐敏只有两岁。丈夫的突然去世，使得鲍翠玉在感情上、精神上和生活上顿失依托，但是她凭借坚强的毅力，扛起了抚养、教育九个子女的责任。为了支持子女们出国留洋，鲍翠玉曾把在宝山路上拥有的十二个房间的巨宅出租并抵押，换取现金以供给子女海外留学。

夏家九兄妹

图片说明：夏家九兄妹，从左至右：璃韵、璐德、璐梅，璐敏、夏鹏、璃瑛、璐懿、玛莉、璐雅。

夏鹏（1897—1976），字筱芳，或小芳，是英美孩子继承父名的叫法，有Junior瑞芳的意思，他是夏家独子，也是长子，上海圣约翰大学毕业后负笈美国深造，1920年毕业于宾夕法尼亚州沃顿（Wharton）商学院，后攻读工商管理硕士学位。为了能为商务印书馆做更多的贡献，夏鹏毕业后又到英、德考察印刷实业。1922年归国后，进入商务印书馆工作，先在进口部当值，随后调任工厂部秘书兼营业部主任秘书，1925年当选董事、1927年升任经理。

1932年，日本发动“一·二八”事变，向闸北一带进攻，位于闸北的商务印书馆大楼等建筑均遭轰炸。当时夏鹏负责重建商务印书馆大楼的重任，同年8月1日商务印书馆复业。商务印书馆复业后夏鹏出任发行所所长，尔后在20世纪30年代中期任职上海商业储蓄银行，主掌新成立的保险业务。后偕夫人及女儿离华赴美定居。其后，直到20世纪五六十年代他在纽约仍负责上海银行在美国的业务；1971年移居香港，他仍受邀出任香港上海银行和台北上海银行的董事。

夏鹏的女儿夏连荫（Julie Lien-Ying How，1926—1982）是哥伦比亚大学的高才生，尤其对中国当代史很有研究，曾和美国学者、哥伦比亚大学韦慕庭（ Clarence Martin Wilbur）教授合编《关于共产主义、民族主义及在华苏联顾问文件，1918—1927》（哥伦比亚大学出版社，1956年出版），此书成为中国共产党和美国研究中国近代史的重要文献。

历史学家唐德刚在一篇谈《顾维钧回忆录》的文章中提及夏连荫：

> 五〇年代初，中国共产党革命成功，国民党中的大批要人纷纷移居美国，其中包括胡适之、李宗仁、孔祥熙、陈立夫等。于是，哥伦比亚大学便拟就了一个中国（人）口述历史的计划，并组建了一个研究室。然而，全室的人员仅仅才两名，一名是我，一名是夏连荫小姐。夏小姐是哥伦比亚大学的一名硕士，她的英文很好，但中文差一些（事实上连荫会讲流利的上海话、粤语和国语、法语。作者按）。起初，校方指派她去访问孔祥熙，采访工作结束后，她又去访问陈立夫。而我最初访问的是胡适之博士，工作完毕之后，我又去采访李宗仁先生。

鲍翠玉最爱在清心堂弹风琴、唱圣诗，在她的熏陶下，八位千金都有音乐造诣，茱莉亚音乐学院（Juilliard School of Music）毕业的沪江音乐系主任巴格比（Ruth Bugbee）曾于1930年12月号的茱莉亚校刊*The Baton*中介绍八千金的音乐成绩。虽然夏家每星期都到清心堂做礼拜，而且八千金的英文名都是费佩德起的，但她们都没有进清心女中，反而进监理会办的中西女中。其中二、三、四小姐于1927年与三位中西女中同学坐同一艘船出国留学，为一时佳话。

夏瑞芳的长女取名玛莉（肖梅，Mary Mo-li How，1900—1957）在波士顿西蒙斯（Simmons）学院没有毕业便回国了，兄、母情急之下招纳曾在上海银行界供职的青年才俊黄汉梁（Han Liang Huang，1890—1974）为夏瑞芳的女婿。祖籍福建的黄汉梁，是清华学校的第一批学生，毕业后先后入美国密歇根大学、普林斯顿大学深造，1918年获得哥伦比亚大学博士学位，回国后，被上海银行聘任为国外汇兑处主任。1931年，在哥大校友孙科的支持下，任职财政部长，时年38岁，后因股债大跌，在1932年1月辞职。他在民国历史上因做了两个月的财政部长而闻名。

夏瑞芳三女夏璐懿（肖莲，Louise Loo—yee How，1903—1983）留学俄亥俄州的欧柏林音乐学院（Oberlin Conservatory of Music），其婚姻是姐妹中唯一非基督徒的亲事。1935年她嫁给上海滩台商首富林鹤寿的长子林勤，生有一子取名林京。

夏瑞芳四女夏璐梅（肖蕙，Salome Loo—mei How，1904—2001）是茱莉亚音乐学院的高材生。夏璐梅的丈夫江元仁（Nelson Chiang，1902—1968）祖籍福州，在上海长大，1926年毕业于康奈尔大学土木工程系，后回国曾任交通大学讲师，亦投身工程界。1942年，夏鹏将他介绍给陈光甫，到美国管理一些项目。

夏瑞芳五女夏璐雅（肖芙，Rhoda Loo-ya How，1905—2006）与妹妹璐韵一同自浸会办的沪江大学毕业，于1932年与汽车工程师史久荣（Albert K.Y-Suez，1902—1981）结婚，生下独子史济良。史久荣早年进入上海圣约翰大学，毕业后到密歇根大学进修汽车工程。取得硕士学位后，史久荣于1935年9月进入由顾毓琇主持的清华大学工学院任机械系教授，同年在上海与志同道合的张登义、梁砥中等创办中国自动机工程学会。抗战全面爆发后，资源委员会于1939年拟在昆明成立中央机器厂以满足战时民用及军工所需，下设五家分厂，延聘史氏出任第五厂——汽车制造及装配厂厂长。

夏瑞芳六女夏璐韵（肖桐，Loo Yuin How，1906—1972）自沪江毕业后于1934年到茱莉亚音乐学院深造，后与从圣约翰及密歇根大学毕业、在美国从事远东贸易的应稣椿（亦作和春，又名凤池，Paul Huo—chin Yin，1911—1996）结婚。应、夏夫妇育有二子一女。长子应国瑞以优等成绩毕业于哈佛大学（获历史学学士学位），并获得麻省理工大脑与认知学博士学位。应国瑞博士以其《案例学习研究：设计与方法》（Case Study Research：Designs and Methods）一书获得广泛的国际声望，该书在美国已经印刷37次，并被翻译为日语和葡萄牙语，成为国际畅销书。次子应国民曾于2003年至2006年出任美国国会税务委员会参谋长，返回弗吉尼亚大学后任法学院教授，是税务方面的权威人士。

夏瑞芳七女夏璐瑛（肖荃，Lydia Loo-ing How，1909—1968）嫁给王有光的孙子王恭芳。王有光是圣公会宁波最早的华人牧师，王恭芳的父亲王正康是王有光的第二个儿子，民国初年著名外交官王正廷是王有光的第三个儿子。

夏瑞芳八女夏璐敏（肖芝，Looming How，1911—1999）嫁给了黄光彩的次孙黄宣平。黄宣平是第一位中国圣公会牧师黄光彩的孙子，黄佐庭的儿子，也是中国留美学生会第一任会长。黄宣平是制冷和空调领域的商人，长期担任香港中文大学（CUHK）崇基书院董事，并从1976年起担任院长直至1981年去世。他也是树仁学院（现在的树仁大学）的首届董事会董事长。

夏璐德在香港的另外一个活跃在教育界的亲属是潘光迥（1904—1997，是夏璐德的表妹张玉珍的丈夫）。潘光迥1928年获得纽约大学工商管理博士学位，毕业后先在华美协进社为郭秉文工作，后来短期加入商务印书馆任经理，之后追随郭秉文进入政府服务领域，并且在通信部门高层任职。1948年，潘光迥移居香港，1955年在那里创办了孟氏基金会，这个基金会支持新亚书院的运营并且经营私人藏书馆。他是香港管理学教育的先驱，并于1966年设立了香港大学第一个管理证书课程。1969年，他成为香港中文大学出版社的负责人，后于1976年将其改组为中文大学出版社，并担任第一任发行人直到1978年退休。20世纪70年代末中国实行改革开放后，潘光迥代表香港中文大学在北京大学设立第一个公共管理课程，并在内地积极致力于他的哥哥——著名学者潘光旦的遗产保护工作。

当郭秉文正忙于南高师事务并创立东南大学的时候，以1919年五四运动为起点的中国大学生反帝抗议活动在20世纪20年代中期演变成全面的反基督教教育运动。受此影响，1925年7月，北洋政府规定所有基督教学校都须任命中国校长并出台了一系列关于基督教学校的其他规定。对于这场反基督教教育运动，郭秉文认为对基督教教育的某些批评是合理的，他支持对基督教学校的某些改革呼声，但是他也承认很可能无法从这些学校中完全根除基督教的影响。

这场运动改变了教会大学的管理方式，李培恩、陈裕光分别成为之江大学、金陵大学的校长，再加上担任复旦大学校长的李登辉，以及此前担任东南大学校长的郭秉文，在中国近代大学的发展史上，这样的教育世家无论是对于公立大学如国立东南大学来说，还是对于私立大学如复旦大学、教会大学如金陵大学、之江大学来说，都具有各自的影响，并积累了一定的人脉关系。

从更广阔的范围来说，无论是郭秉文的姻亲，还是早年商务印书馆创始人的后代继承者，他们都遵从祖辈的遗志，长期以来一直从事着文教事业，为文化与教育的繁荣贡献着各自的力量。

亲属友人共追忆

1969年8月29日，郭秉文在美国华盛顿去世。虽然自20世纪20年代离开了国内高等教育界，但郭秉文在南高师—东大所取得的辉煌业绩和为中国高等教育发展所做出的贡献，以及他在国际教育领域的威望，让人们对他永远不能忘怀。

卸任联合国职务后郭秉文的风采

当年，郭秉文放弃其他选择，投身教育事业，这是因为他认为“与国民进步最有关系者乃教育也”，同时，他认为在中国进行教育改革，“非但需最高之教育技能，且必以热诚、博爱与公心以赴之。”正是凭借这种对教育事业的热诚和锲而不舍的毅力，郭秉文在南高师进行了轰轰烈烈的教学改革。不仅如此，郭秉文还具有不同寻常的胆略和气魄，在政局动乱、经费短缺的情况下，把东南大学创办了下来。他的夫人夏瑜这样评价：“他总尽最大的努力，做他应做的事。”

郭秉文主持南高师—东大期间，以身作则，关心爱护学生，以乐观进取的精神影响学生。南高师学生吴俊升在一篇纪念文章中写道：

> 惟公办学除高瞻远瞩、气度恢宏而外，对于鼓舞学生发扬踔厉之精神，感人尤深。公在校未任课，但每有集会，公必有演讲，每讲皆以乐观进取勖励诸生，最使同学受益。而其词令之佳，犹其余事。至今追忆其讲演时之声音笑貌与趣味，犹历历在人心目。公以乐观进取精神感召学生，于口字房遭回禄时表现尤为深刻。犹忆火起后师生群集广场，群情未免沮丧。公在场犹态度安详镇静。向众表示口字房建筑原已陈旧不适用，现既然毁于火，此正改建之机会，将筹款另建更适用之楼宇，并宣布翌日照常上课。当时群情变沮丧为希望，颇获安慰。

1964年郭秉文与外侄孙、外侄孙女合影

另一位南高师学生宋兆珩在追念郭秉文的文中特地提到郭秉文对学生的关心爱护。

1923年底口字房失火时，宋兆珩曾冲进图书馆和地学系办公室，打开窗户，将重要图书仪器抛出窗外，由同学接运至安全地带。正忙碌间，被郭秉文校长见到，要他立即停下来。次日清晨，郭秉文巡视现场，见到他时微笑着向他解释说，救火，抢运图书，是好事，但学校已保有火险，青年人健康安全最为重要，所以命你停止。“抚余以示勉，其言蔼如，予我以极深印象。”

郭秉文也是热爱生活的人。据夏瑜回忆：

> 凡是认识或和我先夫同事的都知道他是一个有高识远见的人。他总尽最大努力做他应做的事或做其他更有价值的事。即在不如意时，他绝不气馁，尽量应用新思想和毅力去干。他毕生的思想是尽其所能替国家和人民服务。我的先夫交友重谊。对族人特别厚道，事母尤孝。他确是一个完美丈夫，给我多年的快活与崇敬。从他处我学得许多做人的道理。他经常保持着青年的气魄，幽默的态度，以及最重要的温和的脾气。他总是替旁人着想，绝少自私之处。他喜爱音乐，有很好的歌喉，爱唱几个流行歌曲，如《东方西方》《爱情之歌》《美满之日》《上帝与我》等。他是何等的高兴当他重述他的教师的话“阁下的嗓子尽美矣，未尽善也”。他极喜爱儿童，买玩具给稚童对他而言是一乐事。

据宋晞回忆，鸿声先生爱好收集玩具，每当小女家瑾同去拜谒时，他老人家会把电动的玩具拿出来逗小女玩。每次的玩具是不同的。1958年6月的一天晚上去看他，郭夫人有事到纽约去尚未回来，他自己下厨烧茶，且双手各托一杯，毫无摇晃现象。年届八十的长者，而精神如此之好，真是洪福齐天。谈话到十一时才辞出。

1966年郭秉文生日宴会

郭氏为人谦冲淡泊，持常执中，恪守隐恶扬善之箴；处事则实事求是，不容许有半分夸张。晚年息影华府康州大道，每日起居散步有定时，博得附近居民之尊敬，以“中国哲人”称之。

1969年8月29日，郭秉文在美国华盛顿去世，享年89岁。美国《华盛顿邮报》和《明星晚报》刊出他的照片、简历和去世的消息。他的去世，更激起人们对这位“教泽东南”的教育家的思念和追忆。

台湾“中央”大学全体校友撰写挽联：“巍巍钟山，万人空仰芳惠在；浩浩江水，千古长留教泽存。”台湾“中央”大学特地将一座建筑命名为“秉文堂”。

当年南高师—东大的师生不少人撰文表示深切的悼念之情，其中赞之：

郭秉文安息于和平公园

“其一生所办事业兼及教育、财政经济，而其中最令人思慕不忘莫为创办南京高师及东南大学，此即为其一生对国家社会最大之贡献。”

“公一生精力用于教育文化事业者为最多，而创办南高—东大，树立诚朴精进之学风，造就建国之人才，尤为生平之最大贡献。”

“为人谦善，执中务平，处世接物，重热忱而恶虚伪。”“才识渊闳，学问淹博，仁爱宽厚，持常执中。”“器量弘深，姿度广大，贞定足以干事，隐括足以矫时。”“急在事先，言信行果，而善于辞令，亦庄亦谐；与之接者，辄觉如饮醇醪。”“心有他人而无小我，性本仁厚而又谦虚，故能使交游者咸觉如饮醇醪，如坐春风。”

周邦道称誉：“孕毓清醇朴茂学风”，“裁成韦贡庚匡弟子”。

顾毓琇则赋诗云：“东南学府先生创，泗水道长江水东，灵谷栖霞七宝塔，梅庵映雪六朝松。鸡鸣晦雨人才出，鹤舞云天事业隆。复校中央同祷祝，耆年硕德仰高风。”

最后，让我们再献上两首小诗，以纪念这位“中国哲人”。

悼念——致我最爱的丈夫

郭夏瑜

人生的书页缓缓合上封面
我是如此地珍爱它
而书中正诉说着
逝去的日子　温暖缱绻

我们曾一起度过的快乐的时光
那是我珍视的回忆
没有人能够取代
你充满着爱意的微笑　温柔的脸庞

那些孤独黑暗的日子里
好像一切都乱套了
我听到你呼唤着我
“振作起来吧　继续走下去”

“做得很好　你是忠诚善良的仆人”
希望上帝的恩泽和荣耀
将你包围在美妙的爱意之中
全心全意地照料你
让你的魂灵永久的安息

你挚爱的妻子，罗斯

纪念郭秉文博士

曹文彦

让轻舟随波浮泛
不须防恶浪怒涛
这原是一泓
平静的春水

且倚枕漫声
浅唱低吟
飘飘然神游太极
这原是一篇
隽永的诗歌

敬之而爱之弥深
但可望而不可及（即）
人物像他
当今能有多少
几世再得一见
他原是造物者特塑的典型

尾 声

莫听穿林打叶声，何妨吟啸且徐行。
竹杖芒鞋轻胜马，谁怕？一蓑烟雨任平生。
料峭春风吹酒醒，微冷，山头斜照却相迎。
回首向来萧瑟处，归去，也无风雨也无晴。

——苏轼《定风波·莫听穿林打叶声》

在历代文人中，苏轼无疑是一个具有传奇色彩而又历经磨难的文学家。他豁达的人生哲学、完美的人格理想、多才多艺的绝世才华，闪耀在历史的时空中。他成了后世文人仰慕的偶像。

虽然本书的主人公郭秉文没有像苏轼那样一生屡经磨难，三度被流放直至海南，但是在灿若星河的民国教育家群体中，郭秉文因其跌宕起伏的教育人生，让人唏嘘，令人感叹。郭秉文基于坚强的信念以及教育救国的理念，在哥伦比亚大学求学以后，成为知名的教育学家；执掌南高师—东大以后，成为杰出的教育改革家；二战期间涉足经贸、外交和文化交流，成为政治家和外交家，堪称人生的“大赢家”。

教育改革先驱者

在中国近现代教育发展史上，20世纪二三十年代是教育革新时代。这一时期，在以归国留美学生为主体的中国新教育界，不仅掀起了一场波澜壮阔的现代教育改革运动，确定了以“六三三学制”为标志的现代教育的基本格局，还涌现出了一批蜚声海内外的杰出教育家。而在这批灿若群星的中国教育家中，郭秉文是尤为引人注目的一位。作为五四运动时期中国教育界的领袖人物之一，他曾长期担任南京高等师范学校、国立东南大学校长，并在世界教育联合会、中华教育改进社、中华教育文化基金董事会等当时国内外的诸多重要教育组织中出任要职，直接领导和参与了20世纪20年代轰轰烈烈的教育改革运动，实为推动中国现代教育改革的先驱。

尤其是主政南高师—东大的十年正是国内军阀混战、政局动荡、教育经费极度竭蹶的时期，他苦心孤诣，在暗流涌动的政治漩涡中，恪守学术中立，为解决财政困难绞尽脑汁。尽管时常处于进退维谷的艰难境地，他依旧矢志不渝，雄心勃勃地推进各项改革事业。

另外，郭秉文是现代中国早期“教育界”这一公共空间的主要缔造者之一。在民国早期的教育公共空间中，郭秉文处于留学生、传统教育会等新旧权力资源网络的中心位置，能极大地调动各种教育资源，如人力上的留学生，物力上的地方实业精英、国际上的教育名家，在与多方的互动中将其教育理念逐步落到实处，他亦成长为民国早期中国教育界“显赫”的权势人物、中国新教育运动的中心人物，其影响力透过传媒、社团与学校，不断影响到整个教育界，使民国早期中国教育处于一种不断寻求变革与发展的轨道中，极大地促进了中国新教育运动的发展。郭秉文也由此当仁不让地成为当时中国教育的国际代言人。略感遗憾的是，最近几十年，人们对于同时代其他教育家如蔡元培、张伯苓等人的了解要比郭秉文多得多。

然而，正当他的事业处于巅峰状态时，1925年1月，北洋政府突然宣布免去其东南大学校长一职，致使他推行的改革一度受挫，东南大学蓬勃发展的良好势头亦因此中断。当后人重温历史，在为郭秉文壮志未酬而扼腕叹息时，从一定意义上说，这不仅是他个人的悲剧，也是中国现代高等教育发展的不幸。这种巨大落差，难以在其他教育家的身上重现，因此，郭秉文与民国教育界的关系呈现出一种“其始也兴，其亡亦速”的独特景象。

郭秉文被免职后，尽管离开了高等教育界，但并未退出历史舞台，不过是转换了场所而已。在国内，他仍是中华职业教育社、中华教育文化基金董事会等诸多教育组织的领导人，仍以各种方式继续参与和影响着教育改革。在国际上，他是世界教育联合会副会长，表现依旧活跃；在中外教育文化交流领域，他更是大放异彩，在美国创办了华美协进社，继续为中美教育与文化交流事业做出自己的贡献。从院校而言，郭秉文时代所形成的南高师—东大办学模式流风余韵，影响着整个民国时期的高等教育界、学术界，而且郭秉文的大批同事以及后续学生依旧沿着他开辟的道路继续前行，直到今天，在这些高校中依然可以看到他长久的影响力、生命力。

基于此，我们认为，美国知名学者基南（B.C.Keennan）在其论著《杜威实验在中国：民国早期的教育改革与政治势力》中所说的“1925年以后郭秉文不再是中国教育界的领袖人物”这一观点并不完全正确，他在教育界的重要地位与巨大影响仍然是不可忽视的。

我们还应看到，郭秉文并非凭借一己之力来谋求中国教育的新生，在那样一个关键的转型年代里，有一群像郭秉文一样抱着“教育救国”理念的知识人，共同谋划中国教育的新生。因此，只有将郭秉文放置于这样的时代背景以及学人群体中，才能真切地把握郭秉文所思所言所行的特别意义，才能深刻理解郭秉文在现代中国教育史上的地位与影响。

实用主义引进者

郭秉文在教育学术上的突出贡献在于对实用主义教育思想的大力引进、传播与应用。郭秉文就读哥伦比亚大学师范学院之时，正值西方教育逐步由传统向现代转型之际。19世纪末20世纪初，欧美一些国家不仅处于世纪转换的新时期，更是处于社会转型的新时期，工业和经济的迅速发展以及新技术的广泛使用促使整个社会生活发生重大变化，为适应世界政治经济和科学文化迅速发展变化新形势的需要，以改革传统学校教育内容与方法为宗旨的教育革新运动应时而生，美国此时掀起了进步主义教育运动的热潮。

哥伦比亚大学师范学院因云集了杜威、克伯屈、拉格、康茨等一批进步主义教育运动人物而成为进步主义教育运动的理论重镇，教师和学生都被新的教育思想氛围所包围。时值实用主义教育哲学成为美国哲学中的显学，杜威学说在哲学上为他们展现了一个实用主义思想的新世界。校园内外如火如荼的教育革新运动及所开展的种种教育实验也给郭秉文留下了极深的印象，很自然地成为他吸取西方现代教育思想的重要来源。郭秉文聆听大师们的教诲，努力学习实用主义哲学、教育学理论，把握其精髓，自觉地将杜威等人的理论运用于对教育问题的思考中。

在哥伦比亚大学，郭秉文亲历西方的科学民主，聆听众多学界大师的教诲，不仅在学术上有很大提高，而且在哲学观念、思维方式和教育视野等方面受到潜移默化的熏陶与影响。学习期间，郭秉文充分展露了其过人的组织领导才能，被推举为中国留美学生联合会会长，全面负责留美学生的活动组织与服务工作，这也为他全面了解美国各地中国留学生的学习和生活情况、广泛结交留美学生提供了有利条件。哥伦比亚大学师范学院的求学经历使郭秉文进一步形成了自己的人生观、价值观和世界观，构建了中西合璧的知识体系，接受了实用主义教育思想的熏陶，树立了先进的教育理念，为日后开展教育改革奠定了知识、能力和人事关系方面的坚实基础。

尤其值得一提的是，郭秉文有着广阔的国际视野，在引进杜威实用主义哲学和教育思想的过程中发挥了主导作用。1919年，郭秉文、陶行知成为邀请杜威来华的最初发起人。1919年2月陶行知得知杜威在日本讲学的消息后，告知了将要到美国考察并途经日本的郭秉文。3月郭秉文在日本面见了杜威，专程邀请他来华讲学，杜威欣然答应。因出国考察，郭秉文将接待杜威之事委托陶行知。杜威在给胡适的回信中提道：

> 郭秉文博士同陶履恭教授前日来看我，他们问我能否在中国住一年，做演讲的事。这个意思很动听，只要两边大学的方面商量妥帖了，我也愿意做。我觉得几个月的旅行实在看不出什么道理。要是能加上一年功夫，也许我能有点观察了。

1919年4月30日，郭秉文又委托南京高师陶行知、北京大学胡适和江苏教育会蒋梦麟三人分别代表三个单位，前往上海码头接迎杜威及家人。

杜威在中国游历和讲学的两年多时间内与郭秉文接触甚多，郭亲自参与接待杜威工作。杜威来华的活动，传播了实用主义学说，推动和促进了中国新教育事业的进步。

除借鉴美国大学模式如设立校董会、服务社会以外，郭秉文在高校办学理念上也有自己独特的教育思考和探索，即紧念“平”字诀，认为“平，是治学办事的最好的座右铭”，内容包括“四个平衡”，即通才与专才的平衡，人文与科学的平衡，师资与设备的平衡，国内与国际的平衡。它涉及大学的人才培养、学科建设、教师延聘、资金筹措、学术交流和国际交往等方面。

郭秉文提出的“四个平衡”，反映了他对大学办学中各种问题和复杂关系的全面思考和总体把握。他用“平衡”概括处理这些关系的基本原则，便在一种全局观念中渗透了辩证思想。郭秉文的“四个平衡”，还反映出他深得中国传统文化“中庸之道”精髓，体现了他对建立具有民族精神的中国大学的追求，因为吻合近代教育的本质和潮流，所以功效显著。

此外，郭秉文还对中国的高等教育发展有自己的见解，先后发表《十年度之高等教育》《民国十一年之高等教育》《五十年来中国之高等教育》等文章。在留美期间特别是回国后的十余年间，郭秉文最早引入并倡导职业教育。1915年初，留美回国不久的郭秉文即在《东方杂志》上发表《中国现今教育问题之一：职业之引导》一文。郭秉文认为，随着我国新式教育的发展，学生必然越来越多，必然出现学生择业困难的情况，使众多学生成为“高等游民”。他积极宣传西方发达国家的职业教育情况，发起组织江苏省教育会“职业教育研究会”、中华职业教育社、中华教育改进社，并创建上海商科大学等，致力于职业教育的探索，对推动职业指导运动的蓬勃发展做出了重要的贡献。

政治外交推动者

1925年，虽然郭秉文离开了大学的舞台，但其后半生的经历绝不亚于前半生的精彩。1926年，他与孟禄在纽约创立华美协进社并任首任社长，在费城国际教育博览会上筹备并主办了中国教育展览会，1930年协助梅兰芳访美并在美国大学巡回演讲。他以其出众的口才和丰富的人脉，成为在美宣传中国教育和组织开展中美教育交流的先驱，也开创了通过国际教育组织进行中美教育交流的全新局面。可以说，郭秉文当年对中美文化教育交流的推动，比容闳更全面，比晏阳初更早，也比胡适等更为专注，具有里程碑的意义。

20世纪30年代，郭秉文涉足政治事务，主持中国国际关系研究所，发行《中国季刊》，并进入国民政府任职。尤其是自1936年赴美会见罗斯福，郭秉文以官方和非官方的身份，完成了无数使命。在抗日战争时期，他努力增进国际友谊和各国对中国的理解，及时获取有效的援助，增强了中国人民抵御外敌的能力和信心。也正是在这个时候，郭秉文遇到了在国际舞台上大放异彩的机会。

1969年8月29日，郭秉文因中风在华盛顿特区西伯利纪念医院去世，享年89岁。他结束了一段对中国和世界具有特殊影响的一生。郭秉文的生命印记跨越了清朝末期的衰败、民国时期的动荡以及新中国崛起。

随着中华人民共和国的成立，美国断绝了与中国大陆的一切往来，阻止了由中美两国好几代人花了近一个世纪的时间所建立的联系。作为一个用毕生精力来经营和促进中美间关系的使者，郭秉文去世不久，1972年理查德·尼克松总统访问中国，1979年中美正式恢复邦交，这也正是郭秉文自从在伍斯特学院学习时就主张的。郭秉文一直认为，如果拥有了一个平等的机会，中国一定能成为一个成功的国家。为了更好地促进中美关系，郭秉文不懈地通过教育推广公共外交和宣传。

郭秉文认为，留学生作为文化交流的桥梁是非常重要的。郭秉文第一次赴美留学时，美国只有几百名中国留学生，大多数为精英阶层或来自基督教组织。当时的美国让他们感到孤立和陌生。尤为重要的是，郭秉文给予新一代中国年轻人以信心，同他一样，来到千里以外求学，这些经历最终会帮助新一代的留学生们建立一个更好的祖国。有时许多学生会通过了解他们先辈的经历来寻找动力和未来的目标。从郭秉文在伍斯特学院萌生探索兴趣到他日后与哥大师范学院各位导师的合作，郭秉文无疑为许多留学生树立了不懈奋斗的典范。更可以从他后来的成就中得到启发。

郭秉文的晚年逐渐将注意力转向旅美华人——他们曾受到过排华法案的歧视，这些歧视性的排华法案在二战期间被废止，但是不友善的移民限制直到郭秉文的晚年才彻底消除。他在最前线倡导和呼吁种族平等和正义。

如此看来，郭秉文毕生的贡献不仅在于他的教育思想乃至对中国现代大学的建构，也在于其对中美教育关系的开拓；不仅在于他的诸多头衔乃至丰富而艰难的任职经历，也在于其对中国国家利益的维护和国家形象的塑造。正因如此，郭秉文不仅是杰出的教育改革家、知名的教育学者，还是有作为的政治家和外交家。

从历史的角度来讲，世上已无郭秉文；从发展的眼光来看，无数郭秉文的后继者正在重走先贤的道路，推进着中国与世界的广泛交流，推进着中国的繁荣与富强。

郭秉文大事年表[①]

1880年（光绪六年）

2月16日生于上海，字鸿声，祖籍江苏江浦。有兄弟和姊妹各三人，排行第三。父亲是一位医师，也是长老会教堂的长老。

1896年（光绪二十二年）

毕业于上海清心书院。

1897年（光绪二十三年）

在上海清心书院任教一年，后在海关、邮政、浙江厘金局等处任职。

1906年（光绪三十二年）

1906年赴美留学，在俄亥俄州伍斯特学院（Wooster College）预备学校学习。

1908年（光绪三十四年）

升入伍斯特学院。后任《中国（留美）学生月报》主编、《伍斯特之声》主笔、中国留美学生联合会会长。

① 参考郭夏瑜等著《郭秉文先生纪念集》中的《郭秉文先生年表》并进行了增补。

1911年（宣统三年）

获伍斯特学院理学学士学位，入哥伦比亚大学师范学院学习。

1912年

获哥伦比亚大学师范学院教育学硕士学位，硕士学位论文题目为《中国现代学校的教师》（Teachers for Modern Schools in China）。后继续选择“教育基础理论”方向，在斯垂耶（George.D.Strayer）和法云通（Frederic Ernest Farrington）指导下攻读博士学位。

1914年

获哥伦比亚大学哲学（教育学）博士学位，学位论文为《中国教育制度沿革史》（The Chinese System of Public Education）。被选入费倍大迦巴（Phi Beta Kappa）及费迪太迦巴（Phi Dalte Kappa）两荣誉学会会员，并获得利文斯顿教育奖学金。回国后任上海商务印书馆编辑。发表《学校管理法》（《教育杂志》1914年第12期、1915年第1期连载）。

1915年

参与南京高等师范学校筹备工作，任教务主任至1919年。博士论文英文版为哥伦比亚大学师范学院印行。发表《中国现今教育问题之一》（《东方杂志》1915年第1期）、《德法教员之状况》（《教育杂志》1915年第3期）。

1916年

任清心书院及省立浙江学院院长。任赴日本及菲律宾教育考察团主任。商务印书馆出版周盘译述的中文版《中国教育制度沿革史》。

1917年

任欧洲及美国教育考察团主任。任江苏督军咨议。发表《美国农业推广部》（《东方杂志》1917年第9期）。

1918年

3月21日，江谦因病休养，由郭秉文代理南京高等师范学校校长。接受上海圣约翰大学颁发的法学院博士学位。

1919年

9月1日，教育部正式委任郭秉文为南京高等师范学校校长。发表《战后欧美教育近况》（《新教育》1919年第4期），《记欧美教育家谈话》（《新教育》1919年第1、2期），《欧美教育新资料》（《新教育》1919年第1–3期）、《美国全国道德教育会宣言》（《新教育》1919年第4期）、《郭博士报告战后欧美教育》（《教育公报》1919年第11期）。

1920年

在南京高等师范学校基础上筹建东南大学，与陶行知等人决定“南高师”自1920年暑期正式招收女生。

1921年

东南大学正式建立，兼任东南大学校长。与暨南学堂（今暨南大学前身）共同筹建上海商科大学，并于1921年秋天正式开办，兼任校长。中华教育改进社成立，郭秉文是九位董事之一。发表《第一届职业学校出品展览会审查委员会报告书》（《教育与职业》1921年第10期）、《撰述：实业部国际贸易局并设缘起筹备经过及其工作计划述要》（《工商半月刊》1921年第1期）。

1922年

担任上海商务印书馆总编辑。上海商科大学由东南大学独办，改名为国立东南大学分设上海商科大学，兼任校长。

发表《十年度之高等教育》（《新教育》1922年第2期）、《十年之教育调查》（《新教育》1922年第3期）、《记实际教育调查社》（《新教育》1922年第3期）、《对于孟禄中国教育讨论之感想》（《新教育》1922年第4期）。

1923年

“南高师”正式并入东大，郭秉文继续担任东南大学校长。1923—1929年，担任中国首席代表，分别出席于旧金山、爱丁堡、多朗多及日内瓦举行的历届世界教育会议。连续三次被推举为世界教育联合会副会长兼亚洲分会会长。被选为苏格兰中等教育协会荣誉会员。

中华教育改进社编撰系列丛书作为世界教育大会材料，其中有郭秉文著单行本《民国十一年之高等教育》和《中国近代教育之进步》。发表《民国十一年之高等教育》（《新教育》1923年第2期），在世界教育大会上作《太平洋各国大学如何最能增进国家了解与友谊》的发言。编译出版《英汉双解韦氏大学字典》。

1924年

任中华教育文化基金董事会董事，至1929年。

1925年

教育部颁发训令，免除郭秉文东南大学校长职务，引发“易长风波”。2月赴美国，参加芝加哥大学哈里斯基金学院讲座活动，任中华教育促进协会会长。发表《一个中国人所见的中国问题》（A Chinese Statement of the Chinese Case）（《亚洲》（Asia）1925年12月）。

1926年

在美国费城博览会上，组织“五千年之中国教育（Five Thousand Years of Education of Republic of China）”的英文图片展览。与孟禄在纽约创立“华美协进社”（China Institute in America），任首任社长，促进中西文化交流，1930年卸任。参加国际图书馆会议（IFLA）暨美国图书馆协会（ALA）五十周年纪念大会，作“中国图书馆之历史及其在文化上之地位”的讲演。发表《费城博览会中国教育展览近况述要》（《新教育评论》1926年第1期）。

1927年

发表《费城博览会中国展览第三次报告》（《新教育评论》1927年第9期）。

1928年

舒新城编《中国新教育概论》（中华书局1928年出版），内有郭秉文撰写的《中国之高等教育》。

1930年

邀请梅兰芳赴美演出。

1931年

任上海信托公司总经理、国立工商银行理事、中央信托局监察人，至1934年。任实业部国际贸易局局长。

1932年

任中国国际关系研究所所长。任中国海关税务局总税务司司长。发表《参观国际博览会之印象及所得之教训》（《国际贸易导报》1932年第3期）。

1935年

10月12日于杭州与夏瑜女士结婚。任泛太平洋协会会长、国际关系研究所主席，兼任《中国季刊》发行人至1937年。作为合作编辑，参与商务印书馆《双解实用英汉字典》的编辑出版工作。

1936年

任驻华盛顿中国财政代表团代表，至1938年。发表《我国对外贸易与国民经济建设》（《商业月刊》1936年第11期）。

1937年

任巴黎商务总会会长，至1940年。6月以中国全国商会联合会副会长身份前往柏林出席国际商会第九届会员大会。发表《促进对外贸易与救亡》（《中华月报》1937年第1期）、《敬悼曹庆五博士》（《上海青年》1937年第11期）。

1938年

任财政部次长兼驻英大使馆财务参赞，中英贸易协会主任，至1944年。

1941年

担任财政部常务次长，与英方洽商并完成中英借款续借方案。出席英国科学协会于1941年9月下旬在伦敦举行的“科学与世界秩序”的年会。

1943年

出席联合国世界粮食会议及联合国预备金融会议，担任中国代表团首席代表。

1944年

出席在美国新罕布什尔州布雷顿森林举行的联合国金融会议。荣任联合国善后救济总署副署长兼秘书长，至1947年。任在美中国学生设计顾问委员会主席，1954年起任台湾教育主管部门在美教育文化事业顾问委员会委员，至1957年。

1947年

任华府中美社会科学协会总干事至1957年。

1957年

任台湾教育主管部门在美教育文化事业顾问委员会主任委员至1969年。

1958年

创办华府中美文化教育协会（Sino-American Cultural Society），并负责主持会务。

1967年

荣获“台北中华学术院名誉哲士”称号。

1969年

8月29日病逝于美国华盛顿，9月2日安葬于华盛顿和平公园。

参考文献

一、图书

[1] 埃伦·康德利夫·拉格曼．一门捉摸不定的科学：困扰不断的教育研究的历史[M]．花海燕，等译．北京：教育科学出版社，2006．

[2] 陈东原．中国教育史[M]．上海：商务印书馆，1935．

[3] 陈华．名校与名校长的诞生[M]．上海：华东师范大学出版社，2011．

[4] 陈竞蓉．教育交流与社会变迁——哥伦比亚大学与现代中国教育[M]．武汉：华中科技大学出版社，2011．

[5] 董宝良．陶行知教育论著选[G]．北京：人民教育出版社，1991．

[6] 东南大学高等教育研究所．郭秉文与东南大学[G]．南京：东南大学出版社，2011．

[7] 杜成宪，崔运武，王伦信．中国教育史学九十年[M]．上海：华东师范大学出版社，1998．

[8] 方与严．新教育史[M]．上海：儿童书局，1934．

[9] 冯承柏．中华文化通志：中国与北美文化交流志[M]．上海：上海人民出版社，1998．

[10] 高永伟．词海茫茫：英语新词和词典之研究[M]．上海：复旦大学出版社，2012．

[11] 郭秉文．中国教育制度沿革史[M]．周盘，译．上海：商务印书馆，1922．

[12] 郭秉文．中国教育制度沿革史[M]．周盘，译．上海：商务印书馆，1916．

[13] 郭齐家等．中外教育名著评介[G]．济南：山东教育出版社，1992．

[14] 郭夏瑜等．郭秉文先生纪念集[G]．台北：中华学术院，1971．

[15] 侯怀银．中国教育学发展问题研究[M]．太原：山西教育出版社，2008．

[16] 侯怀银．20世纪中国教育学发展问题研究[M]．北京：北京师范大学出版社，2011．

[17] 胡适．中国哲学史大纲（卷上）[M]．上海：商务印书馆，1919．

[18] 胡适．胡适自选集[M]．合肥：安徽人民出版社，2013．

[19] 胡忠智．教育概论[M]．北京：北平文化学社，1934．

[20] 华中师范学院教育科学研究所主编．陶行知全集（第1卷）[G]．长沙：湖南教育出版社，1984．

[21] 华中师范学院教育科学研究所主编．陶行知全集（第5卷）[G]．长沙：湖南教育出版社，1985．

[22] 华中师范学院教育科学研究所主编．陶行知全集（第8卷）[G]．长沙：湖南教育出版社，1992．

[23] 蒋梦麟．西潮 · 新潮[M]．长沙：岳麓书社，2000．

[24] 老品，柯扬．学海无涯苦作舟：名人谈治学[G]．北京：同心出版社，1997．

[25] 李浩吾．教育史ABC[M]．上海：世界书局，1929．

[26] 梁冠霆．留美青年的信仰追寻：北美中国基督教学生运动研究（1909－1951）[M]．上海：上海人民出版社，2010．

[27] 刘骥，李瑞恩．郭秉文：教育家、政治家、改革先驱[M]．上海：上海远东出版社，2015．

[28] 罗荣渠．从“西化”到现代化：五四以来有关中国的文化趋向和发展道路论争文选[C]．北京：北京大学出版社，1990．

[29] 罗廷光．教育概论[M]．上海：世界书局，1933．

[30] 罗元旭．东成西就：七个华人基督教家族与中西交流百年[M]．北京：生活 · 读书 · 新知三联书店，2014．

[31] 冒荣．至平至善　鸿声东南：东南大学校长郭秉文[M]．济南：山东教育出版社，2003．

[32]《南大百年实录》编辑组编．南大百年实录（上）[G]．南京：南京大学出版社，2002．

[33] 钱亦石．现代教育原理[M]．上海：中华书局，1949．

[34] 秦孝仪．中华民国名人传（第3册）[G]．台北：近代中国出版社，1985．
[35] 曲士培．蒋梦麟教育论著选[G]．北京：人民教育出版社，1995．
[36] 商务印书馆．商务印书馆九十五年——我和商务印书馆（1897−1992）[G]．北京：商务印书馆，1992．
[37] 商务印书馆．商务印书馆一百年[G]．北京：商务印书馆，1998．
[38] 上海财经大学校史研究室编．郭秉文与上海商科大学[G]．上海：上海财经大学出版社，2010．
[39] 上海财经大学校史研究室编．国立上海商学院史料选辑[G]．上海：上海财经大学出版社，2012．
[40] 司徒雷登．在华五十年[M]．海口：海南出版社，2010．
[41] 舒新城．中国近代教育史资料（上）[G]．北京：人民教育出版社，1981．
[42] 孙善根．走出象牙塔——蒋梦麟传[M]．杭州：杭州出版社，2004．
[43] 王德滋．南京大学百年史[M]．南京：南京大学出版社，2002．
[44] 王凤喈．中国教育史大纲[M]．上海：商务印书馆，1930．
[45] 王学哲，方鹏程．商务印书馆百年经营史：1897—2007[M]．武汉：华中师范大学出版社，2010．
[46] 王悦芳．蔡元培、郭秉文办学思想与实践的比较研究[M]．芜湖：安徽师范大学出版社，2012．
[47] 王炽昌．教育学[M]．上海：中华书局，1922．
[48] 吴宓著，吴学昭整理注释．吴宓日记（第2册：1917−1924）[M]．北京：生活·读书·新知三联书店，1998．
[49] 熊月之．西学东渐与晚清社会[M]．上海：上海人民出版社，1994．
[50] 余子侠．山乡社会走出的人民教育家：陶行知[M]．武汉：湖北教育出版社，1999．
[51] 赵俊迈．民国大出版家：夏瑞芳[M]．汪班，袁晓宁，译．台北：台湾商务印书馆，2014．
[52] 赵永利．教育变革与社会转型：近代上海高等商科教育活动研究（1917−1937）[M]．武汉：华中科技大学出版社，2014．
[53] 张之洞．张文襄公全集（58卷）[G]．北京：中国书店，1990．
[54] 中国人民政治协商会议全国委员会文史和学习委员会编．文史资料选辑（第32卷

总第93−95辑）[G]．北京：中国文史出版社，2011．

[55] 中国人民政治协商会议上海市委员会文史资料委员会、中共上海市委统战部统战工作史料征集组编．上海文史资料选辑 统战工作史料专辑（八）[G]．上海：上海人民出版社，1989．

[56] 周谷平．近代西方教育理论在中国的传播[M]．广州：广东教育出版社，1996．

[57] 周洪宇．陶行知研究在海外[G]．北京：人民出版社，1991．

[58] 周洪宇．陶行知画传[M]．济南：山东教育出版社，2011．

[59] 周予同．中国现代教育史 · 导论[M]．上海：良友图书印刷公司，1934．

[60] 朱斐．东南大学史（1902—1949）（第1卷）[M]．南京：东南大学出版社，1991．

[61] 朱有瓛．中国近代学制史料（第3辑下册）[G]．上海：华东师范大学出版社，1992．

[62] 朱有瓛，高时良．中国近代学制史料（第4辑）[G]．上海：华东师范大学出版社，1993．

[63] 庄泽宣．教育概论[M]．上海：中华书局，1928．

[64] 庄泽宣．如何使新教育中国化[M]．上海：民智书局，1929．

二、期刊论文

[65] 蔡振生．中国教育史研究的历史回顾与反思[J]．北京师范大学学报，1988（3）．

[66] 陈桂生．略论教育学“中国化”现象[J]．教育理论与实践，1994（4）．

[67] 陈竞蓉．孟禄与华美协进社[J]．长江大学学报（社会科学版），2005（6）．

[68] 陈竞蓉．哥伦比亚大学与中国留学生[J]．河北师范大学学报（教育科学版），2010（7）．

[69] 储朝晖．郭秉文与陶行知在中国教育现代化中的互动与选择[J]．东南大学学报（哲学社会科学版），2014（3）．

[70] 道之．我所望于暑期学校者[J]．教育杂志，1922（6）．

[71] 丁钢．20世纪上半叶哥伦比亚大学师范学院的中国留学生：一份博士名单的见证[J]．高等教育研究，2013（5）．

[72] 耿有权．“止于至善”与郭秉文的教育理想实践[J]．东南大学学报，2014（5）．

[73] 郭秉文．中国现今教育问题之一：职业之引导[J]．东方杂志，1915（1）．

[74] 郭秉文．战后英美教育近况[J]．新教育，1919（4）．

[75] 郭秉文．十年之教育调查[J]．新教育，1922（3）．
[76] 郭秉文．费城博览会中国展览第三次报告[J]．新教育评论，1927（9）．
[77] [美]何勇．华美协进社与哥伦比亚大学的关系及对中国文化的传播[J]．郭晶萍，译．江苏师范大学学报（哲学社会科学版），2014（1）．
[78] 胡焕庸．治学经历述略[J]．中国科技史料，1991（1）．
[79] 教育学院准开学程表（十八年度）[J]．暨南校刊，1929（5）．
[80] 刘蔚之．美国哥伦比亚大学师范学院中国学生博士论文分析（1914—1929）[J]．台湾教育研究集刊，2013（2）．
[81] 任莎莎．姜别利任职期间的美华书馆与墨海书馆的衰败[J]．群文天地，2012（10）．
[82] 桑兵．近代中国学术的地缘与流派［J］．历史研究，1999（3）．
[83] 沈文钦．教育史学科在美国的早期制度化历程——以孟禄和哥伦比亚大学师范学院为中心的考察[J]．教育学术月刊，2013（10）．
[84] 王悦芳，胡玉苓．郭秉文与东南大学的学术文化交流[J]．教育与教学研究，2014（1）．
[85] 徐锋华．李鸿章与上海近代科技文教的勃兴[J]．社会科学，2013（12）．
[86] 许小青．郭秉文与民国教育界[J]．教育学报，2014（5）．
[87] 许为民．杨杏佛年谱[J]．中国科技史料，1991（2）．
[88] 于殿利．中国近现代民族出版第一人——纪念夏瑞芳逝世100周年[J]．现代出版，2014（6）．
[89] 张蓓蘅．我成为中国男女同校女生之追忆[J]．高教研究与探索，1987（2）．
[90] 周洪宇，陈竞蓉．艰难的改革家：中国现代教育改革先驱郭秉文[J]．高等教育研究，2014（10）．
[91] 周洪宇，李艳莉．郭秉文与现代中国实用主义教育学术范式的建立：基于《中国教育制度沿革史》及相关论著的研究[J]．教育学报，2014（5）．
[92] 周慧梅．哥伦比亚大学师范学院时期的郭秉文：社会生活史的视角[J]．教育学报，2014（5）．

三、电子文献

[93] 哥伦比亚大学郭秉文研讨会[EB/OL]．[2014-10-25].http://www.tc.columbia.edu/kuopingwen/index.asp?Id=Article+List&Info=Kuo+Ping+Wen%27s+family.

[94] 曹文彦．伯乐校长——教育家郭秉文 [EB/OL]．[2015-11-1],http:/museum.nju.edu.cn/yc/renwu/zmrwxz/gbw.html.

[95] 梅兰芳．美国之行的台前幕后 [EB/OL]．[2005-06-10],http://www.js.xinhuanet.com/zhuanlan/2005-06/10/content_4418987.htm.

[96] 民国时期十五家信托公司档案 [EB/OL]．[2014-09-15],http://trust.jrj.com.cn/2014/09/15162618010212-c.shtml.

[97] 钱塘江畔很古老的之江大学：办学理念放到今天也很“潮”[EB/OL]．[2014-09-14],http：//hznews.hangzhou.com.cn/kejiao/content/2014-09/14/content_5443260.htm.